111-jährige vegetarische

Rezepte

aus der Schweiz

Martha Rammelmeyer
Tanja Alexa Holzer

Digitalisiert, sanft bearbeitet und neu herausgegeben
von Tanja Alexa Holzer, Wortfeger Media
www.wortfeger.ch

Neuauflage Dezember 2022

Die Deutsche und Schweizer Nationalbibliotheken
verzeichnen diese Publikation in der Nationalbibliografie;
detaillierte bibliografische Daten abrufbar auf:
www.dnb.de und www.nb.admin.ch

Vor über 100 Jahren ...

Vorwort der Herausgeberin

Dieses Buch von Martha Rammelmeyer erschien um 1900 bei der Wagner'sche Verlagsanstalt unter dem Titel «Vegetarische Küche – Ein praktischer Leitfaden zur Einführung in die vegetarische Lebensweise und Kochkunst». Ein genaues Erscheinungsdatum war nicht ausfindig zu machen. Die letzten Publikationen der Autorin erschienen im Jahr 1907. Somit vermute ich, dass dieses Buch ebenfalls erstmals in dieser Zeit publiziert wurde.

Bewusst veränderte ich keinen Inhalt der Texte und Rezepte. Das Buch sollte weitgehend ein Original bleiben und so auch die Gepflogenheiten um 1900 in der Schweiz widerspiegeln. Textliche Anpassungen nahm ich nur vor, wenn sie der Lesbarkeit dienen. Die Rechtschreibereformen zogen durchs Land, jedoch bis anhin nicht durch dieses Buch. Auf sanfte Weise holte ich dies bei dieser Neuauflage nach.

Während des Digitalisierens (von Frakturschrift des Originals) fragte ich mich oft, was wohl «fein gewiegt» bedeutet. Martha Rammelmeyer schrieb diesen Ausdruck regelmässig. Erst gegen Ende des Buches kam ich im Zusammenhang mit einer anderen Formulierung auf die Idee, dieser Ausdruck bedeute «fein geschnitten», also «zerkleinern». Ich hoffe, meine «Übersetzung» stimmt. Falls nicht, schreiben Sie mir bitte eine Mail an *info@wortfeger.ch*, danke!

Auffallend ist, wie viel damals mit Gries, Brot und Eiern gekocht wurde. Pasta ist selten in dieser Rezeptsammlung zu finden und saisonales Kochen war damals schlicht notwendig.

Das Nachkochen der Rezepte geschieht auf eigene Gefahrt. Verstehen Sie die Sammlung doch einfach als Inspiration aus der Vergangenheit. Die Massangaben waren damals eher hemdsärmlig und manches Kochwissen wurde von der Verfasserin schlicht vorausgesetzt. Mancher angegebene Zeitaufwand wird heute ebenfalls deutlich veraltet sein – Küchenmaschine sei Dank!

Nun wünsche ich Ihnen auf gut Schweizerisch:
en Guete!

Tanja Alexa Holzer

Rezeptverzeichnis
ab Seite 169

Vorwort von Martha Rammelmeyer

Der Vegetarismus ist eine Zeiterscheinung, in die Welt gerufen durch die Widernatürlichkeiten des modernen Lebens. Er hat seine verschiedenen Abstufungen hinsichtlich der Strenge der Lebensweise. Er hat eine äusserste Linke, den «Frugivorismus» und eine gegensätzliche Rechte, welche sich von der karnivorischen Ernährungsart nur durch die Enthaltsamkeit von Fleisch unterscheidet.

Eine jede dieser vegetarischen Entwicklungsstufen hat ihre Vorteile in sich, besonders wenn die Inhaber derselben sich nicht engherzig in ihr System verlieben oder verrennen, sondern sich fortschrittlich in ihrer ganzen Lebensführung verhalten und Selbstkontrolle über ihren Körper üben.

Dieses Buch ist weniger aus Mangel an guten vegetarischen Kochbüchern geschrieben worden, sondern entstand durch beständige Aufmunterung vieler Freunde.

Die Schreiberin, seit 12 Jahren Vegetarierin, hat darin absichtlich jeden schroffen Standpunkt vermieden, vielmehr hat sie bei der Abschaffung des Büchleins ganz besonders derer gedacht, die dadurch sich vielleicht bestimmen lassen, einen praktischen Versuch mit der vegetarischen Lebensweise zu machen.

Der Vegetarismus ist ein Wegweiser zur Einfachheit, wer ihn zu betreten anfängt, wird allmählich von selbst immer tiefer in diese reineren Gefilde hineingeleitet und wird sich von vielen üppigen Gewohnheiten selbst befreien durch vernünftiges Denken und etwas Beobachtungsgabe und Logik.

Die Speisezettel sind reichhaltig und geben eben durch diese Anlage den Hausfrauen Gelegenheit, dieselben nach Belieben zu vereinfachen.

Es liegt durchaus nicht in der Absicht der Verfasserin, durch die Reichhaltigkeit der Menus einen Anstoss zur Üppigkeit oder Unmässigkeit geben zu wollen. Über jedem Prinzip steht ein Gottesgesetz: So steht über dem Vegetarismus die Mässigkeit, da, wo sie nicht walten kann, ist es im Grunde gleichgültig, mit was sich der Mensch den Leib überfüllt. Er wird sich, so er der Mässigkeit Tag für Tag ins Gesicht schlägt, mit der qualitativ besten und richtigsten Nahrung nicht vor Krankheit, Siechtum und frühem Tod bewahren können.

Das Büchlein möge betrachtet werden als ein Leitfaden für die Anfänger in der vegetarischen Lebensweise. In diesem Sinne mögen es auch diejenigen freundlich aufnehmen, die bereits einfacher und strenger leben, mögen das bescheidene Werkchen als Propagandamittel benützen, um dem Vegetarismus immer mehr Freunde und Anhänger zu erwerben.

Kuranstalt Friedenfels bei Sarnen,
Martha Rammelmeyer

Praktische Winke für jede Hausfrau

Als Kochtopf verwendet man am besten die gusseisernen. Dieselben sind besonders zweckmässig, weil bei deren Verwendbarkeit eine Vergiftung fast ausgeschlossen ist. Grosse Vorteile vereinigt der Reform-Kochtopf in sich. Eine praktische Erfindung, um Zeit zu sparen, ist dieser Reform-Kochtopf, der in drei Etagen übereinander aufgebaut ist, wodurch eine Art Dampfheizung der beiden oberen Töpfe erzielt wird. Dass die Speisen, die in Dampf gekocht sind, schmackhafter sind als in Wasser zubereitete, weiss die erfahrene Hausfrau längst. Wer einen Reform-Kochtopf einmal verwendet hat, wird schwerlich wieder zur alten Methode zurückkehren. Bei E. Schmid-Ebersold in Bern ist ein System zu erhalten, das unseres Wissens von keinem ähnlichen erreicht oder gar übertroffen wurde.

Statt der teuren **Selbstkocher**, die zwischen 30 bis 40 Franken kosten, kann sich die praktische Hausfrau etwas ähnliches leicht selbst zusammenkonstruieren: eine sogenannte Kochkiste, nach dem gleichen Prinzip angelegt wie der Selbstkocher. Eine gut verschliessbare, entsprechende Holzkiste genügt, um diesen Apparat zu konstruieren. Dieselbe wird beinahe ganz mit Heu, Seidenpapierschnitzel oder feiner Holzwolle angefüllt. Hat man nun eine Speise (Suppe, Gemüse, Früchte) mit allen Zutaten angerichtet, alsdann wird der gut verschlossene Kochtopf vom Feuer genommen, sofort in die Holzkiste gefüllt und hier eingegraben, d.h. tatkräftig ins Heu oder die Holzwolle eingepackt und hierauf die Kiste fest verschlossen. Nach drei bis vier Stunden ist die Speise, weil der heisse Dampf nicht entzogen ist, durch denselben gar gekocht, und kann die Speise auf diese Weise kräftig zubereitet werden. Durch einige Versuche findet die Hausfrau bald die vielen Vorteile, welche eine derartige Kochkiste mit sich bringt, heraus und wird dieselbe immer ihren grösseren Beifall finden.

Zitronensaft ist als Heilmittel schon vielfach bekannt. Umso mehr sollte derselbe statt dem bisher üblichen Essig in der Salatzubereitung Verwendung finden. Ein Versuch in dieser Richtung bestimmt die Hausfrau sofort, auf die Zubereitung des Salates mit Essig zu verzichten. Dieselbe wird dann in der Verwendung des Zitronensaftes in der Küche immer neue Vorteile erblicken. Die Firma Conca d'Oro in Chiasso versendet einen Zitronensaft, der an Güte und Reinheit nichts zu wünschen übrig lässt. Dabei ist er billiger, als die vielfachen anderen Präparate, die übrigens meistens nicht frei sind von chemischen Zutaten.

Alkoholfreie Weine. Dem Alkohol das Wort zu reden, liegt uns absolut fern, und wie haben in unseren Publikationen oft genug auf den ungeheuren Schaden, welchen der Alkoholgenuss unserem gesamten Volk zufügt, hingewiesen. Auch aus der Küche sollte Alkohol in jeder Form verbannt werden. Etwas anderes ist es um die sogenannten «Alkoholfreien Weine», die in Vegetarierkreisen unter dem Namen «Fruchtsäfte» aufs Beste bekannt sind. So schädlich einerseits der Alkohol der Gesundheit ist, so vorzügliche Wirkungen sind andererseits den Fruchtsäften, also den alkoholfreien Obst- und Traubenweinen zuzuschreiben. Wir können daher den

Genuss dieser Getränke für Alt und Jung nur empfehlen.

Man hüte sich, das nächste beste Fabrikat anzukaufen, da unter der Marke «alkoholfrei» mancherlei in den Handel gebracht wird, was diesen Namen durchaus nicht verdient. In der Schweiz kennen wir nur die Produkte der Gesellschaft in Meilen als durchaus natürlich und alkoholfrei.

Unser tägliches Brot sollte noch mehr den gesundheitlichen Anforderungen der Neuzeit entsprechen. Ein den Gesetzen der Ernährung durchaus entsprechendes Brot ist das sogenannte **Steinmetz-Brot.** Keine Hausfrau sollte unterlassen, es wenigstens einmal versuchsweise in ihrer Familie auf den Tisch zu bringen. So wie die Herstellung des Steinmetzmehles von der üblichen Mehlbereitung abweicht, so sind auch die Wirkungen in der Ernährung abweichend von denjenigen der gewöhnlichen Brotnahrung und zwar in einer Art, die bald genug erkennen lässt, dass der gesundheitliche Nährwert des Steinmetz-Brotes die üblichen Brotsorten weit übertrifft.

In der Schweiz ist Herr J. Haab in Bülach, Besitzer einer Steinmetzmühle; derselbe versendet zu Versuchszwecken auch schon kleine Quantitäten seines Mehls (von 10 Pfund an) und wir ermuntern alle Familien, einen derartigen Versuch baldigst zu machen.

Honig ist das natürliche Mittel, um die Speisen zu versüssen. Unsere Vorfahren haben die gesundheitliche Seite des Honiggenusses besser gewürdigt, als wir Kinder der Neuzeit, die Honig nur noch als Leckerbissen kennen. Honig sollte vielmehr als Speise, als Nahrungsmittel Verwendung finden; besonders sollten die Kinder tagtäglich reinen Bienenhonig erhalten. Deshalb verdienen die Rezepte unseres Kochbuchs, in denen Honig zur Verwendung gelangt, besondere Aufmerksamkeit der Hausfrau.

Einmachgläser. Von Konservierung der verschiedenen Nahrungsmittel, von Eindünstung der Früchte und Gemüse ist in unserem Kochbuch öfters die Rede. Alles das nun, was zu einem derartigen Verfahren nötig ist, also Gläser, Verschlüsse etc., bezieht man am zweckmässigsten und billigsten bei Herrn J. Ernst-Birch, Küsnacht (Zürich), welcher auch eine genaue Anleitung und Beschreibung dieses vorzüglichen Verfahrens den sich interessierenden Frauen gratis übersendet.

Frische Südfrüchte zu erhalten, ist mitunter gar nicht so einfach, und doch bilden dieselben in jeder Jahreszeit die angenehmste Abwechslung des Menüs. Die Firma Conca d'oro in Chiasso versendet an alle Interessenten beim Bezug auf unser Kochbuch kostenlos ihr Monatsbulletin, in welchem jeweils die Früchte der betreffenden Jahreszeit aufgezählt sind. (Dieser Bulletin-Hinweis gilt nicht mehr für diese Neuauflage des 21. Jahrhunderts!) Dadurch ist die Hausfrau in die Lage versetzt, stets zu wissen, wann diese oder jene Südfrucht auf den Markt kommt und wann sie dieselbe am zweckmässigsten auf den Tisch bringen kann. Von vielen Lesern unserer Zeitschriften wurde die gute Bedienung des genannten Hauses rühmlichst hervorgehoben.

Konfitüren finden sie jetzt immer und mehr Verwendung im Haushalt, und mit Recht. Die Engländer, die für gesundheitliche Fragen von jeher einen klaren Blick hatten, sind in der Verwendung der Konfitüren im Haushalt allen anderen weit voraus. Es wird eben dort eine gute Konfitüre nicht nur als Leckerbissen angesehen, der vielleicht den Kindern alle Sonntage so dünn als möglich aufs Brot gestrichen wird; Nein, dort betrachtet man eine gute Fruchtkonfitüre als ein Hauptnahrungsmittel, das tagtäglich wie Milch und Brot Verwendung findet. Dies ist durchaus richtig; umso mehr, als wir nicht stets in der Lage sind, frische Früchte überall zu bekommen. In der Schweiz ist es den Hausfrauen sehr leicht gemacht, stets eine gute Konfitüre zu bekommen, indem die Konservenfabrik in Lenzburg grossartige Landkomplexe zur Bebauung und Gewinnung unserer besten einheimischen Früchte besitzt. Durch ein bis in die geringste Kleinigkeit sorgfältig durchdachtes Konservierungssystem ist es dieser Konservenfabrik gelungen, die rühmlichst bekannten Lenzburger Konfitüren in unübertroffener Feinheit, Güte und Haltbarkeit darzubieten. Da zudem die Lenzburger Konfitüren in delikatester Verpackung überall zu haben sind, ist es der Hausfrau möglich gemacht, ein gutes Produkt zu verhältnismässig billigem Preis stets im Haus zu haben.

Als **Kochfett** ist in unserem Kochbuch gewöhnlich Naturbutter angegeben. Neuerdings finden die verschiedenen **Pflanzenfette** in der Küche vielfach Verwendung; insbesondere waren es Vegetarier, die auf die Vorzüglichkeit derselben aufmerksam machten. Mit einigen dieser Pflanzenfette erzielt die Hausfrau sehr gute Erfolge. Das Pflanzenfett Palmin, das die Firma Schlink & Co., Mannheim, in den Handel bringt, und das jetzt auch in der Schweiz in den besseren Handlungen zu haben ist, verdient infolge seiner guten Verwendbarkeit ganz besonders empfohlen zu werden und ist geeignet, Butter oder Schmalz in der Küche vorteilhaft zu ersetzen. Dieses Pflanzenfett übertrifft auch in gesundheitlicher

Hinsicht viele andere Kochfette; wird besonders auch von Magenkranken und schwächlichen Personen sehr gut vertragen.

Rezeptverzeichnis
ab Seite 169

Frühlingsrezepte

Erste Woche

Montag

Spinatgemüse, mit geschälten Kartoffeln garniert – Rührei – Kressesalat – Rhabarberkuchen

Rührei
Man schält 4 Eier in einer Schüssel mit 4 Esslöffel Milch schaumig, gibt etwas Salz und fein geschnittenen Schnittlauch dazu, giesst die Masse in heisse Butter und macht ein nicht zu festes Rührei daraus.

Kressesalat
Junge, zarte Kresse wird gereinigt, sauber gewaschen und nachdem der Salat auf dem Sieb gut abgetropft ist, wird derselbe mit in Scheibchen geschnittenen Radieschen, etwas Salz, Zitronensaft und Öl vermischt und zur Tafel gebracht.

Rhabarberkuchen
1 Pfund Mehl, ½ Pfund Butter, 200 gr. Zucker, 4 Esslöffel sauren Rahm und 3 Eigelb werden als Masse gut abgearbeitet und über Nacht zur Ruhe gestellt. Am anderen

Tag werden die Bleche mit den ausgewellten Kuchen belegt und lässt man dieselben erst ein wenig im Rohr anziehen, ehe man den in zentimetergrosse Stückchen geschnittenen, zuvor geschälten Rhabarber darauf verteilt. Man streut reichlich Zucker darüber, da Rhabarber viel Säure besitzt. Besonders gut und saftig wird er, wenn man ¼ Stunde, bevor er ausgebacken ist, mit einem Ei, etwas Milch und einem schwachen Esslöffel Feinmehl ein dünnes Teigchen anrührt und dieses über je einen Kuchen giesst. Obige Masse reicht für 3 bis 4 Kuchen gewöhnlicher Grösse.

Dienstag

Schwarzwurzeln – Kartoffelpuffer – Rahmstrudel – Zwetschgenkompott

Schwarzwurzeln

Die Schwarzwurzeln werden geputzt, in fingerslange Stücke geschnitten und in Milchwasser gelegt. Man kann sie nun in Dampf weich kochen und hernach in eine weisse Mehlsauce legen oder man kocht sie in wenig Salzwasser und gibt ¼ Stunde vor dem Anrichten ein Stück erwärmte Butter mit einem Esslöffel voll Mehl, fein zerrührt, an das Gemüse. Eine dritte Art ist, die Schwarzwurzeln in Butter weich zu dämpfen, hierauf ein Esslöffel Mehl darüber zu stäuben und wenn nötig noch etwas zu verdünnen zu sämiger Sauce.

Kartoffelpuffer

Man nimmt für drei Erwachsene 10 bis 12 grosse Kartoffeln, schält dieselben und reibt sie roh in eine mit etwas Wasser gefüllte Schüssel, schüttet hierauf die Masse in ein Tuch und presst die Flüssigkeit heraus. Nun rührt man zu den Kartoffeln zwei Löffel kalte Milch, 2 bis 3 ganze Eier und etwas Salz, gibt vom Teig löffelweise in heisses Fett (Öl, Pflanzenbutter oder Butterschmalz) und bäckt die Kuchen braun und knusprig.

Rahmstrudel

Von ½ Pfund Mehl, einem Ei und einer kleinen Tasse warmem Wasser, in der ein Stückchen Butter aufgelöst ist, wird ein zäher Teig gemacht, den man zugedeckt eine Stunde ruhen lässt. Danach wellt man denselben papierdünn aus, bestreicht ihn mit dickem, saurem Rahm, streut reichlich Sultaninen und Rosinen darauf, rollt den Teig auf und bringt ihn schneckenartig in eine Form, zerrührt 1 bis 2 Eier mit einem halben Liter Milch und 100 gr. Zucker und giesst es über den Strudel. Er wird im Ofen eine Stunde gebacken und soll eine schöne, hellbraune Farbe haben.

Mittwoch

Reissuppe – Maultaschen mit gemischtem Salat

Reissuppe

Man kocht mit fein geschnittenem Wurzelgemüse und

etwas Salz eine kräftige Pflanzenbrühe und in dieser ½ Pfund gut verlesenen, rein gewaschenen Reis schleimig. Kurz vor dem Anrichten gibt man ein Stückchen frische Butter dazu und legiert die Suppe mit zwei Eigelb und etwas süssem Rahm.

Maultaschen

(für 4 bis 5 Personen) Hierzu werden zuerst zwei mittelgrosse Nudelkuchen gemacht. Man nimmt ½ Pfund Weissmehl, zwei ganze Eier und zwei Eigelb, die man erst tüchtig zerklopft und dann mit dem Mehl und etwas Salz zu einem festen Teig verarbeitet. Diesen teilt man in zwei Hälften und wellt jede derselben sehr dünn aus auf dem Backbrett, welches man immer mit Mehl bestreut halten muss, damit die Kuchen nicht anhängen. Hierauf wird folgende Füllung gemacht: Petersilie und Zwiebel werden fein gewiegt, in Butter gedämpft, drei Hände voll Spinat roh gewiegt und fünf in Wasser eingeweichte, zerpflückte Brötchen dazu gegeben und ebenfalls 5 bis 8 Minuten gedämpft. Ist die Füllung etwas erkaltet, gibt man drei ganze Eier, Salz und Muskat dazu und bestreicht damit eine Hälfte des Kuchens, schlägt die andere über und drückt die Kuchen aussen fest aneinander. Hierauf teilt man die Maultaschen mit dem Kochlöffel in ungleichmässige Vierrecke ab, legt dieselben ins kochende Salzwasser und siedet sie 12 bis 15 Minuten. Sie dürfen nicht zerfallen. Die Nudelkuchenrestchen werden in Butter gebräunt und das Gericht damit übergossen.

Gemischter Salat

Kartoffeln werden gesotten, geschält und in Rädchen geschnitten, mit einer Tasse warmem Wasser, Salz, 2 bis 3 Zitronen und 5 bis 6 Esslöffel Öl recht saftig angemacht. Man garniert darüber in Kranzform jungen, ebenfalls mit Zitrone, Öl und etwas Salz apart angemachten Feldsalat.

Donnerstag

Blumenkohl mit frischer Butter – Kartoffel au Gratin – Kopfsalat – Apfelkuchen

Blumenkohl

Die Blumen werden von den grünen Blättern befreit und sorgsam geputzt, am besten 1 bis 2 Stunden in frisches Wasser gelegt, damit Schnecken und Raupen herausgezogen werden. Dann wird der Kohl in siedendes Wasser gebracht, das etwas gesalzen und mit einem halben Glas Milch vermischt ist, was die Blumen schön weiss erhält. Ist das Gemüse weich, wird es angerichtet und mit zerlassener Butter, in der fein gewiegte Petersilie leicht angedämpft wurde, übergossen.

Kartoffel au Gratin

Man siedet Kartoffeln in der Schale, schält sie und blättelt sie in Rädchen wie zu Salat. Inzwischen bereitet man eine weisse Sauce vor: Man lässt ein Stück Butter zergehen, schwitzt darin vier Kochlöffel voll Weissmehl und verdünnt die Sauce mit halb Milch, halb Blumenkohlbrühe zu sämiger Dicke. Man belegt nun den Boden einer Auflaufform dicht mit Kartoffelrädchen, gibt von der Sauce darüber, dann wieder Kartoffeln, Sauce u.s.w. Obenauf müssen Kartoffeln sein. Zuletzt zerklopft man 2 bis 3 Eier, überstreicht den obersten Teil reichlich damit und bäckt die Speise damit im Ofen hellbraun oder dunkelgelb. Sie darf aber nicht zu trocken, sondern muss schön saftig sein.

Apfelkuchen

Zu einem mittelgrossen Kuchen nimmt man ½ Pfund Mehl, ein Ei und Zucker nach Belieben, ¼ Pfund Butter und 3 Löffel Rahm. Man knetet diese Ingredienzien gut zusammen, wellt den Teig aus und belegt das Blech damit. Es werden nun die in feine Schnitze geschnittenen Äpfel strahlenförmig darauf gelegt. Wenn der Kuchen halb gar gebacken ist, kommt folgender Guss darauf: Man lässt ungefähr eine grosse Tasse Milch, zwei Eier, etwas Zucker, fein gewiegte Zitronenschale und ein nussgrosses Stück Butter auf dem Feuer bis ans Kochen kommen, giesst dies über den Kuchen und bäckt ihn vollends fertig.

Freitag

Mangoldgemüse – Risotto
– Kartoffelcroquet mit Kompott

Mangoldgemüse

Nachdem die Blätter verlesen und tüchtig gewaschen sind, werden sie in Salzwasser (möglichst wenig) weich gekocht und auf ein Sieb geschüttet. Die übrige, nährsalzreiche Brühe wird einstweilen zur Seite gestellt. Das Gemüse wird nun fein zerhackt oder wer im Besitz einer Passiermaschine ist, presse es durch diese. Man bringt nun ein Stück frische Butter in die Pfanne, dämpft einen Esslöffel voll Mehl darin, gibt das fein gewiegte Gemüse dazu und verdünnt das Ganze mit der übrigen Gemüsebrühe. Etwas Zwiebel fein gehackt und in der Butter angedämpft, macht das Gericht recht schmackhaft, auch kann man kurz vor dem Anrichten etwas fein geschnittenen Schnittlauch hinein geben.

Risotto

Ein Stück Butter wird zerlassen und eine grosse Zwiebel, zerschnitten, hellgelb darin gebraten. Hierauf schüttet man den gewaschenen Reis hinein, dämpft ihn unter Umrühren zirka 10 Minuten darin und füllt dann im Verhältnis zum Reis die nötige Quantität Wasser nach. Auf ein Pfund Reis stark zwei Liter Wasser.

Kartoffelcroquet

Rohe Kartoffeln werden gewaschen, geschält, in Schnitze geschnitten und in Salzwasser weich gesotten. Man schüttet hierauf das Wasser ab, lässt die Kartoffeln auf einem Sieb etwas abtrocknen und presst sie dann mittelst der Püreepresse. Es werden nun vier Eigelb hinzugegeben, sowie ein Stückchen Butter (etwa zwei nussgross), und wird dieser Teig auf gelindem Feuer gerührt, bis die Butter verlaufen ist. Nun lässt man das Ganze abkühlen, nimmt alsdann esslöffelgrosse Stücke von dem Teig, formt davon etwa 5 Zentimeter lange Röllchen, die in Eiweiss und Paniermehl getaucht und in siedendem Fett gebraten werden. Wenn Kompott dazu gegessen wird, werden die Croquets mit Zucker bestreut.

Samstag

Erbsensuppe mit geröstetem Brot – Karottengemüse – Butterklösschen

Erbsensuppe

Es ist gut, wenn man die Erbsen über Nacht einweicht. Auf sechs Personen rechnet man zwei Pfund. Sie werden mit dem Einweichwasser, einer Zwiebel und etwas Suppenkraut aufs Feuer gebracht, ganz langsam weichgekocht zu einer Suppe von sämiger Dicke. Eine halbe Stunde vor dem Essen wird ein Stück frische Butter hineingegeben und die Suppe erst dann gesalzen. Man sagt, dass vorheriges Salzen das Weichwerden der Erbsen beeinträchtige.

Karottengemüse

Sind die Karöttchen (gelbe Rübchen) noch jung, so genügt es, sie gut zu waschen und in Salzwasser oder besser noch, im Dampftopf weich zu kochen und erst dann das feine Häutchen abzuziehen. Man kann dann die Rüb-

chen in eine weisse Sauce legen, oder sie in Butter und fein gehackter Petersilie schwenken, oder sie in Butter zu bringen, ein Löffelchen Mehl darüber stäuben und etwas Brühe nachfüllen, dass es eine ganz dünne Sauce wird; auch hierzu etwas Petersilie.
Sind die Karotten älter, schabt man sie am besten und schneidet sie in feine längliche Stückchen, die dann in Butter und etwas Wasser langsam weich gedämpft werden.

Butterklösschen

Ein halbes Pfund frische Butter wird schaumig gerührt, sechs Eier und sechs Esslöffel voll geriebenes Weissbrot (immer je ein Ei und ein Esslöffel voll Brot) dazu gegeben, Salz nach Gutdünken, und die Masse eine halbe Stunde zur Seite gestellt. Kurz vor dem Anrichten werden runde Klösschen geformt, welche man in Salzwasser in zirka 10 Minuten gar kocht.

Sonntag

Spargeln – Sauce Hollandaise– Maccaroni-Auflauf – Biskuit-Roulade

Spargeln

Die Spargeln werden geputzt, in kleine Büschel zusammen gebunden, in siedendes Salzwasser gelegt und weich gekocht. Man nimmt sie dann vorsichtig heraus und ordnet sie schön auf eine Platte. Die Sauce wird extra serviert.

Sauce Hollandaise

Für je eine Person rechnet man ein Ei, zerklopft es gut und rührt, die Sauce immer schlagend, Butter stückchenweise hinzu, bis sie dick ist. Man macht die Sauce nicht auf offenem Feuer, weil sonst die Eier gerinnen würden, sondern an einer warmen Stelle des Herdes. Man salzt und gibt etwas Zitronensaft hinzu.

Maccaroni-Auflauf

Die Maccaroni werden in Stücke gebrochen und nahezu weich gekocht. Sind sie etwas abgekühlt, rührt man vier zerklopfte ganze Eier, sowie eine Tasse sauren Rahm darunter, salzt die Masse und füllt sie in eine Auflaufform, legt einige kleine Butterstückchen oben darauf, damit der Auflauf nicht zu trocken wird an der Oberfläche und bäckt die Speise eine Stunde.

Biskuit-Roulade

Sechs Eigelb werden mit ¼ Pfund Zucker ½ Stunde gerührt, nun kommen 200 gr. Feinmehl, fein geriebene Zitronenschale und der Schnee der Eier darunter. Man belegt nun ein längliches Blech mit weissen Papierbogen, bestreicht diese mit Butter und streicht die Masse ganz gleichmässig darauf. Hierauf schiebt man es in den nicht gar zu heissen Ofen und es ist in ¼ Stunde gebacken (lichtgelb). Man kehrt das Biskuit, sobald es fertig ist, mit dem Papier um und zieht das Papier leicht ab. Die Seite, wo das Papier war, bestreicht man mit Eingemachtem (Konfitüre) und rollt das Biskuit gleichmässig fest zusammen. Es darf nicht zu dünn gebacken sein, da es sonst bricht. Man serviert eine Fruchtsaftsauce dazu, schüttet sie aber nicht darüber, sondern gibt sie in der Saucière auf den Tisch.

Zweite Woche

Montag

Wirsing – Erbsenpüree – Salat – Reispudding – Hagenbutten-Sauce

Wirsing

Die festen Köpfe werden geputzt, in Stücke zerschnitten und der Raupen wegen eine Stunde in frisches Wasser gelegt. Hierauf kocht man sie in wenig Salzwasser oder im Dampftopf weich, hackt sie ganz fein und verfährt dann wie bei Mangoldgemüse (siehe 1. Woche, Freitag). Den Schnittlauch hat man wegzulassen.

Erbsenpüree

Dies wird auf dieselbe Weise zubereitet wie Erbsensuppe (siehe 1. Woche, Samstag), nur nimmt man für dieselbe Zahl Personen 1 Pfund Erbsen mehr als zur Suppe. Das Püree darf aber nicht zu steif gekocht werden, es muss dickflüssig vom Löffel tropfen. Viele geben noch heisse Butter oben darüber, was aber aus gesundheitlichen Gründen nicht empfehlenswert ist.

Reispudding

Ein Pfund Reis wird mit 1 ½ Liter Milch, ¼ Pfund Butter (letztere ist im einfachen Haushalt entbehrlich) und ¼ Pfund Zucker langsam weich gekocht, doch müssen die Körner ganz bleiben. Man gibt, wenn etwas abgekühlt, 4 bis 5 Eigelb, den Schnee der Eier und etwas fein geriebene Zitronenschale hinzu. Der Pudding wird in die Form gefüllt und schwach eine Stunde im Wasserbad gekocht.

Hagenbutten-Sauce

Man rührt 1 bis 2 Kaffeelöffelchen voll Kartoffelmehl mit ½ Liter Wasser an, tut etwas Zitronenschale (ganz) und den Saft einer Zitrone hinzu, nebst 50 gr. Zucker. Dies bringt man aufs Feuer, gibt drei Esslöffel voll Hagenbutten-Marmelade und ¼ Liter alkoholfreien Weisswein hinzu und lässt die Sauce ungefähr 10 Minuten kochen.

Dienstag

Rotkraut – Erbsenkoteletts
– Kaiserkuchen mit Kirschenkompott

Rotkraut

Die Rotkrautköpfe (man wähle recht feste) werden von den äussern Blättern befreit und mit dem Gurkenhobler fein geschnitten. Man kocht das gewaschene Kraut in wenig Wasser und etwas Salz weich, rührt ein Stück Butter in eine Tasse mit einem starken Esslöffel Mehl glatt durch und gibt dies Teigchen zu dem Gemüse ½ Stunde vor dem Essen und lässt das Ganze noch gut durchziehen. Zur Säuerung des Krautes hat man den Saft von 2 bis 3 Zitronen nötig.

Einfache Erbsenkoteletts

Erbsenpüreereste werden mit 1 bis 2 Eiern, fein gewiegten Küchenkräutern und Brotbrosamen zu einem Teig abgearbeitet, von welchem runde Koteletts geformt werden, die in Ei getaucht und in Butterschmalz dunkelbraun gebraten werden.

Kaiserkuchen

(für vier Personen) ¼ Pfund frische Butter wird schaumig gerührt. Dazu gibt man nach und nach fünf Eigelb und fünf Esslöffel gestossenen Zucker. Nach diesem kommen vier in Milchwasser eingeweichte Milchbrote oder Einbacke hinzu, die zuvor von der Rinde befreit wurden, 200 gr. Sultaninen oder Rosinen, 100 gr. geriebene Mandeln, die fein gewiegte Schale einer Orange, zuletzt fügt man den Schnee der fünf Eier bei, füllt die Masse in eine mit Butter ausgestrichene, mit Gries bestreute Form und bäckt in gutem Ofen eine starke Stunde.

Kirschenkompott

Man bringt die Früchte mit wenig Wasser und Zucker

nach Belieben aufs Feuer und kocht sie langsam zu einem saftigen aromatischen Kompott. Zur Frühlingszeit wird man sich gerne der selbst eingemachten sterilisierten Konserven bedienen, für die eine sorgsame Hausfrau zur rechten Zeit Sorge tragen muss.

Mittwoch

Morchelgemüse – Spätzle – Salat – Makronentorte

Morchelgemüse

Die Morcheln müssen viele Male gewaschen werden, da sie ausserordentlich sandig sind. Man dämpft sie in Butter mit etwas Wasser und Salz weich (sie brauchen etwa eine Stunde), streut einen Kochlöffel voll Mehl darüber, gebe eine Tasse süssen oder sauren Rahm hinzu und legiere das Gemüse mit drei Eigelb beim Anrichten. (In einfachem Haushalt können letztere leicht weggelassen werden, zumal Pilze an und für sich sehr nahrhaft sind.)

Spätzle

Für sechs Personen rechnet man 20 Esslöffel Mehl, salzt etwas, rührt mit lauwarmem Wasser und 2 bis 4 Eiern einen glatten, zähen Teig an, der tüchtig geschlagen werden muss. Nun lässt man ihn eine Stunde ruhen und macht inzwischen Salzwasser siedend; bringt dann einen Teil vom Teig auf das Spatzenbrett und schneidet mit dem Messer dünne Spätzchen ins siedende Wasser. Es ist notwendig, dass das Brettchen und das Messer öfters ins heisse Wasser getaucht werden, damit sich der Teig leichter ablöst. Wenn die Spätzchen einmal aufgekocht sind, nimmt man sie mit dem Schaumlöffel heraus und legt sie auf die Platte. Zum Schluss zerlässt man ein Stück Butter in der Pfanne und dreht die Spätzchen darin um, worauf sie zu Tisch gebracht werden können.

Makronentorte

Sechs Eiweiss werden zu steifem Schnee geschlagen, mit schwach ½ Pfund Zucker gut durchgerührt. Dann mengt man ein Pfund geriebene Mandeln darunter, auch etwas fein geriebene Zitronenschale, belegt ein Tortenblech mit Papier, bestreicht es mit Butter, streicht die Masse einen starken halben Zoll dick darauf und bäckt die Torte in guter Hitze.

Donnerstag

Rübstiel – Kartoffelküchlein – Kompott
– Sagopudding – Caramelsauce

Rübstiel

Rübstiel ist ein Gericht, das besonders im Rheinland viel gegessen wird. Es wird aus den jungen zarten Stielen der Weissrübenblätter hergestellt, welche schnittlauchartig in kleine Stückchen zerschnitten werden. Diese werden in wenig Salzwasser weich gekocht und darauf in einer dünnen Buttersauce (weisse Sauce) zu Tisch gebracht.

Kartoffelküchlein

Man siedet, womöglich den Abend vorher, Kartoffeln in der Schale, die man lauwarm abschält. Anderntags werden sie fein gerieben, etwas Salz und in Butter kurz angedämpfte, fein gewiegte Zwiebeln und Küchenkräuter beigegeben, der Teig zusammengearbeitet und kleine runde Kuchen davon geformt. Diese werden in Ei getaucht und in Butterschmalz kross gebraten. Wer will, kann auch der Teigmasse 1 bis 2 ganze Eier beifügen.

Sagopudding

Dieser Pudding wird auf dieselbe Weise zubereitet wie Reispudding.

Caramelsauce

Eine Tasse Wasser und ¼ Pfund Zucker kommen zusammen auf ein lebhaftes Feuer und der Zucker wird ganz dunkelbraun gebrannt. Hierauf giesst man einen Liter Milch hinzu, lässt das Ganze noch einmal steigen und richtet an.

Freitag

Kohlrabi – Himmel und Erd – Kastanientorte

Kohlrabi (Kohlraben)

Sind die Kohlrabi jung, so können Knollen und Blätter zu einer feinen Schüssel verwendet werden. Die Knollen

werden geschält und in Salzwasser weich gekocht; von den zarten Blätttern wird ein Gemüse genau wie Mangold (siehe 1. Woche, Freitag) bereitet; dies hält man warm. Einstweilen blättelt man die Kohlrabi in Rädchen auf, schwenkt sie in Butter, stäubt ein Löffelchen Mehl darüber, giesst von dem Gemüsesud nach, um die Sauce sämig zu machen. Nun richtet man dies in die Mitte der (runden) Platte und garniert das Grüngemüse kranzförmig herum.
Bei älteren Kohlraben kann man nur die Knollen verwenden, die man wie oben behandelt.

Himmel und Erd

Man schält zwei Teile rohe Kartoffeln und ein Teil saure Äpfel. Die Kartoffeln werden mit wenig Wasser nahezu weich gekocht, dann die Äpfel darauf gegeben und fest zugedeckt das Gericht zusammen fertig gekocht. Ist alles breiweich, so wird es gut vermischt, ein Stückchen frische Butter beigegeben, leicht gesalzen und serviert.

Kastanientorte

Sechs Eigelb werden mit ½ Pfund Zucker ¼ Stunde gerührt, ein Esslöffel Mehl, etwas Vanille und 1 ½ Pfund gekochte, geschälte und geriebene Kastanien beigemengt, zuletzt der Schnee von sechs Eiweiss; die Masse wird in eine gut bestrichene Kuchenform gefüllt und in einer Stunde gebacken.

Samstag

Hafersuppe – Spinatpudding – Hopfengemüse

Hafersuppe

Man lässt ein Stück Butter in der Pfanne zergehen und röstet darin eine Tasse Hafergrütze etwa fünf Minuten gelblich. Hierauf wird das entsprechende Quantum Salz und Wasser beigegeben. Man hackt eine Karotte (roh), etwas Sellerie nebst Grünem und Zwiebel mittelfein und gibt dieses rohe Gemüse-Hachée an die Suppe, die nun etwa zwei Stunden langsam zu kochen hat. Kurz vor dem Anrichten gibt man ein Stückchen frische Butter daran.

Spinatpudding

¼ Pfund Butter wird schaumig gerührt. Eine Suppenschüssel voll Spinat wird halbweich gekocht, fein gewiegt, mit Zwiebeln und Petersilien in Butter 10 Minuten gedämpft, mit 4 bis 5 alten, eingeweichten, gut ausgedrückten und zerpflückten Weissbrötchen vermengt, dazu noch 3 bis 4 Eigelb. Man rührt dies nun mit der Butter gut durcheinander, würzt mit dem nötigen Salz und mischt zuletzt den steifen Schnee der Eiweiss darunter. Sofort wird nun die Masse in eine gut ausgestrichene Puddingform gebracht und eine starke Stunde gesotten.

Hat man welchen übrig, so schneidet man ihn in Schnitten, brät diese und gibt sie mit grünem Salat zum Abendbrot.

Hopfengemüse

Man reinigt eine Portion Hopfen, was eine ziemlich mühevolle, zeitraubende Arbeit ist; hierauf kocht man sie im Salzwasser weich und gibt sie auf ein Sieb. Nun wird eine gute weisse Sauce gemacht, die Hopfen hineingelegt und das Gemüse mit etwas Zitronensaft gesäuert. Wer üppiger kocht, kann die Speise noch mit zwei Eigelb abziehen.

Sonntag

Spargeln nach Wiener Art – Brotklösse
– Apfelküchlein – Preiselbeerenkompott

Spargeln nach Wiener Art

Die Spargeln werden, wie schon beschrieben (1. Woche, Sonntag), vorbereitet und fertig gekocht. Statt sie nun mit Sauce zu servieren, wird ¼ Pfund Butter zerlassen, ein Löffel voll geriebenes Brot darin gelblich gedämpft und dies über das Spargelgemüse gegossen.

Brotklösse

Von vier Brötchen wird die Rinde auf dem Reibeisen abgerieben und dieselben in Milchwasser eingeweicht. Fein gewiegte Zwiebel und Petersilie werden in Butter gedämpft, wozu man noch die eingeweichten, gut ausgedrückten Brötchen gibt, dieselben einige Zeit mitdämpfen. Wenn der Teig etwas abgekühlt ist, werden 4 bis 5 Eier dazu gegeben, Salz, etwas Muskat und das abgeriebene Brotmehl. Die Klösse werden 10 Minuten in Salzwasser gekocht und mit zerlassener Butter übergossen.

Apfelküchlein

Man macht von sechs Esslöffeln Mehl, ¼ Liter lauwarmer Milch, einer Prise Salz und 2 bis 3 Eiern einen dicken Omelettenteig, taucht in diesen runde Apfelscheiben und bäckt sie in siedendem Fett braun und knusprig. Bevor sie auf den Tisch kommen, werden sie mit Zucker bestreut.

Preiselbeerenkompott

Man rechnet zu vier Pfund Beeren ein Pfund Zucker und ein Glas Wasser. Die Beeren werden verlesen und gewaschen, alles zusammen in einem kupfer- oder irdenen Geschirr aufs Feuer gebracht und vom Kochen an gerechnet ½ Stunde gekocht.

Dritte Woche

Montag

Winterkohl – Geröstete Kartoffeln – Salat – Griesauflauf mit Reineclauden-Kompott

Winterkohl (Federkohl/Grünkohl)

Der Winterkohl wird auf ganz gleiche Weise bereitet wie

Mangold, Spinat, Wirsing, wovon Rezepte vorliegen.

Geröstete Kartoffeln

Die Kartoffeln werden in der Schale gekocht, geschält und in feine Rädchen geschnitten. Nun wird in der eisernen Bratpfanne ein Stück Butter zerlassen, eine halbe Zwiebel fein geschnitten und hellgelb darin gebraten, die Kartoffelrädchen dazu gegeben, gesalzen und schön knusprig gebraten. Man kann nun die Pfanne noch eine ¼ Stunde zugedeckt ins Ofenrohr stellen und dann das Gericht wie einen Kuchen auf eine runde Platte stürzen.

Griesauflauf

In zwei Liter kochende Milch gib ein Pfund Gries und rühre dies zusammen, bis sich die Masse von der Pfanne löst. Rühre ¼ Pfund Butter schaumig, gebe 5 bis 6 Eidotter, Zucker nach Geschmack, etwas fein gewiegte Orangenschale darunter, hierauf den abgekühlten Gries und zuletzt den Schnee der sechs Eiweiss. Man füllt diese Mischung in eine gut bestrichene Form und bäckt die Speise in einem guten Ofen fertig, was eine starke Stunde erfordern wird.

Reineclauden-Kompott (kleine helle Pflaumen)

Die Früchte werden entsteint, mit Zucker und nicht all zu viel Wasser aufs Feuer gebracht und langsam weich geschmort. Wenn man einige Steine mitkochen lässt, wird ein feiner Geschmack erzielt.

Dienstag

Sauerkraut – Weisse Bohnen – Kompott – Käsekuchen

Sauerkraut

Das Sauerkraut wird mit reichlich Wasser aufs Feuer gebracht und zirka drei Stunden lang gekocht. Eine halbe Stunde vor Tisch zerlässt man ein Stück Butter, bräunt darin ein kleines, fein geschnittenes Zwiebelchen, schwitzt einen Esslöffel Mehl damit und bringt dies an das Kraut, mit dem es noch eine Weile kochen muss, damit der Mehlgeschmack sich verliert.

Weisse getrocknete Bohnen

Man weicht die verlesenen und gewaschenen Bohnen am Abend zuvor in Wasser ein, setzt sie am anderen Tag mit dem Einweichwasser zum Kochen auf und kocht sie langsam in circa drei Stunden weich. Zum Schluss fügt man ein Stück frische Butter bei.

Käsekuchen

Butterteig zum Kuchen: Man nimmt ein Pfund Mehl, eine Prise Salz und wirkt das Mehl zusammen mit Wasser zu einem festen Teig. Dieser Teig wird gewogen und nimmt man die Hälfte des Teiggewichtes Butter dazu. Man macht mit dem Messer Schnitte in den Teig, damit er besser auszuwellen ist. Die Butter wird zuerst mit den Händen etwas glatt gearbeitet, wozu sie frisch und

kalt sein muss. Der Teig wird nun ausgewellt und zwar so, dass derselbe in der Mitte etwas höher ist. Nun wird die Butter in einer Balle in den Teig, wie in ein Tuch, geschlagen, das Ganze breit geklopft und eine ½ Stunde zur Seite gestellt zum Ausruhen. Darauf wird er wieder ausgewellt, wieder zusammengeschlagen, ½ Stunde ruhen lassen. Auf diese Weise verfährt man viermal zu Kuchen-, fünfmal zu Pastetenteig.
Man legt ein Kuchenblech mit Teig aus und gibt folgende Fülle darauf: 2 bis 3 Quarkkäse werden fünf Minuten gerührt, vier Eier, etwas Zucker, fein geriebene Zitrone und ein Esslöffel Feinmehl dazu gegeben, ebenso ein ¼ Pfund Rosinen. Der Kuchen wird eine Stunde gebacken, mit Zucker bestreut und kalt serviert.

Mittwoch

Weissrüben – Pfannkuchen – Salat
– Schokoladencreme – Biskuitchen

Weisse Rüben

Junge, zarte, weisse Rüben werden in längliche schmale Stückchen geschnitten und in nicht mehr Salzwasser, als man braucht, um sie saftig auf den Tisch zu bringen, weich gekocht; eine ½ Stunde vor dem Essen wird ein Stück weiche Butter und ein Esslöffel Weissmehl zusammen angerührt, an das Gemüse gebracht und noch eine ¼ Stunde gekocht.

Pfannkuchen

(Einfach. Für 6 Personen.) 25 Esslöffel Mehl, eine Prise Salz, wird mit lauer Milch und 3 bis 4 Eiern zu einem dickflüssigen Omelettenteig verrührt. Von diesem Teig werden in der Eisenpfanne mit Butterschmalz oder Pflanzenfett nicht zu dünne Kuchen auf beiden Seiten bräunlich und kross gebacken.

Schokoladencreme

Man kann eine Tafel von 50 gr. oder ¼ Pfund Schokolade nehmen, je nachdem wie stark man die Creme haben will. Auf 50 gr. Schokolade rechnet man einen Liter Milch. Die Milch wird mit etwas Zitronenschale und Zucker aufgekocht, über die zerkleinerte Schokolade in ein Geschirr gegossen, glatt verrührt und noch einmal zusammen steigen lassen. Hierauf wird dies zum Erkalten gestellt. Inzwischen rührt man sechs Eigelb schaumig, tut die gekochte kalte Schokolade daran, giesst alles durch ein Haarsieb in eine Form, setzt diese ins siedende Wasser und lässt die Creme fest werden. Sie wird kalt serviert.

Biskuitchen

Fünf Eigelb werden mit 200 gr. Zucker eine ½ Stunde schaumig gerührt, das Weisse der fünf Eier zu Schnee geschlagen, beigemengt, zuletzt 100 gr. Feinmehl hinzu getan und in gelindem Ofen eine Stunde gebacken.

Donnerstag

Gefüllte Zwiebeln – Italienischer Salat – Griespudding mit Kompott von eingemachten oder getrockneten Aprikosen

Gefüllte Zwiebeln

Mittelgrosse Zwiebeln werden geschält, von jedem ein Deckel abgeschnitten, und die Zwiebel mit einem Messer oder Kaffeelöffel ausgehöhlt, dass jede Zwiebel eine hübsche Vertiefung bekommt. Die Zwiebeln werden nun mit einer Fülle gefüllt aus eingeweichtem Brot, gewiegten, gedämpften Kräutern, Ei und geriebenen gesottenen Kastanien. Man setzt sie in Reih und Glied in eine Eisenpfanne, in der man ein Stück Butterschmalz hat zergehen lassen und zwar wird die gefüllte Seite auf den Boden gesetzt, schön braun gebraten, dass es eine Kruste bildet, die Zwiebeln dann gedreht und wie ein Braten langsam weich gebraten. Sie dürfen nicht schwarz, sondern sollen schön braun sein. Hat man keine Zwiebeln mehr in der Pfanne, so wird, wenn nötig, etwas Fett in die Pfanne nachgegeben, zwei Kochlöffel Mehl dunkelgelb geröstet, eine grosse Tasse warmes Wasser und eine Tasse sauren Rahm hinzugetan, gesalzen und mit Zitronensaft gesäuert. Diese Sauce wird zu den Zwiebeln extra serviert; sie muss die Dicke einer Rahmsauce haben.

Italienischer Salat

Warme, geschälte und in Vierecken geschnittene, gekochte Kartoffeln, ebensolche rote Rüben und Karotten, für 10 Cts. Kapern werden mit einer Mayonnaise von zwei zerrührten, mit Rahm aufgefüllten Eigelb, einer kleinen Tasse Wasser, Salz, Zitrone und Öl recht saftig angemacht und mit harten Eiern und Radieschen verziert, zur Tafel gebracht.

Griespudding

Derselbe wird zubereitet wie Griesauflauf (siehe 3. Woche, Montag), nur wird die Masse, statt im Ofen gebacken, im Wasserbad eine Stunde in gut gebutterter Form gesotten und heiss gestürzt.

Aprikosenkompott

Wenn getrocknete Früchte verwendet werden, so empfiehlt sich, dieselben am Abend zuvor in genügend Wasser einzuweichen und bis am nächsten Mittag an einer warmen Stelle (etwa auf dem Ofen) zugedeckt aufzustellen. Die Früchte behalten dann ihr volles Aroma und bedürfen keines Zuckerzusatzes.

Freitag

Junge grüne Böhnchen oder Dörrbohnen
– Gebrühte Klösse – Salat – Rhabarberschnitten

Junge, grüne Böhnchen

Dieselben werden, wenn nötig, entfasert und in wenig Salzwasser oder im Dampftopf weich gekocht. Man schüttet die etwa noch übrige Brühe ab und gibt an das Gemüse ein Stück frische Butter und fein gewiegte Petersilie. Man schüttelt die Bohnen tüchtig mit der Butter, dass sie das ganze Gemüse durchzieht und gibt sie sofort zu Tisch.

Gedörrte Bohnen werden mit reichlich Wasser zugesetzt, weich gekocht und mit Butter und einem Esslöffel Mehl, die gut zusammen verrührt werden, versehen, damit noch eine ¼ Stunde gekocht, gesalzen und mit frischer gewiegter Petersilie zu Tisch gebracht.

Gebrühte Klösse

Man macht einen Liter Milch siedend, gibt ein Stückchen Butter und etwas Salz hinein und rührt ½ Pfund Mehl flink darunter, damit der Teig keine Knollen bekommt. Er muss sich von der Pfanne lösen, dann wird er in eine Schüssel geschüttet. Wenn er ein wenig abgekühlt ist, kommen drei zerrührte Eier daran und nun wird alles gut durchgerührt. Man legt von diesem Teig mit einem Löffel kleine Klösse in das kochende Salzwasser und kocht sie langsam gar.

Rhabarberschnitten

Man schneidet runde Weissbrotschnitten, bäckt sie in Butter knusprig und legt sie dann einige Minuten in Zuckerwasser. Man hat inzwischen ein gutes Rhabarbermus bereitet, welches nun sorgfältig auf die Schnitten aufgetragen wird und diese nebeneinander auf einer Kuchenplatte serviert werden.

Samstag

Kartoffelsuppe – Windbeutel
– Kompott oder Vanillesauce

Kartoffelsuppe

Ein Körbchen voll Kartoffeln wird gewaschen, roh geschält und mit reichlich Wasser und dem nötigen Salz recht weich gekocht und gut zerstampft. Nebenan hat man einen Teller voll Spinat roh fein gehackt, ebenso etwas Zwiebel und zwei Karotten. Dies wird in Butter gedämpft, mit Wasser aufgefüllt und eine ¼ Stunde gekocht. Hierauf gibt man diese Pflanzenbrühe an die zerriebenen Kartoffeln, verrührt alles zusammen und lässt die Suppe noch eine Zeit lang kochen. Will man sie recht fein haben, so legiert man die Suppe mit Ei und süssem Rahm, die man miteinander in der Suppenschüssel verrührt.

Windbeutel oder Pfitzauf (Süddeutsch)

Man hat zu diesem Gebäck irdene Formen in der Grösse wie für kleine Törtchen oder Pastetchen. ½ Liter Milch, ½ Pfund Mehl, 100 gr. zerlassene frische Butter und drei Eier werden miteinander verrührt und von diesem Teig die Förmchen halbvoll gefüllt, in die Röhre geschoben und in einer Stunde in guter Hitze gebacken. Wenn sie gut geraten, werden sie noch einmal so hoch als das Förmchen und sind innen ganz luftig. Man kann auch einen Deckel davon abschneiden und das Innere mit Schlagsahne füllen oder mit Konfitüre; den Deckel setzt man dann oben auf. Ohne diese Füllung serviert man Kompott oder Sauce dazu.

Vanillesauce

Stark ein Liter Milch lässt man mit ¼ Pfund Zucker und einer kleinen Stange Vanille aufkochen. In einer Porzellanschüssel werden zwei Eigelb, zwei Kochlöffelchen voll Mehl mit etwas lauer Milch zu einem dünnen Teigchen angerührt, die Milch unter beständigem Rühren langsam dazu geschüttet, alles zusammen auf dem Feuer mit dem Schneeschlager geschlagen, bis der Mehlgeschmack sich durchs Kochen verloren hat. Man bewahrt die Sauce in einer Kanne, die man ins heisse Wasser stellt, bis zum Gebrauch auf.

Sonntag

Junge Erbsen – Kartoffelpastetchen mit Pilzfülle
– Salat –Rahmtorte

Junge Erbsen

Die jungen Erbsen werden enthülst, in Salzwasser weich gekocht, auf ein Sieb geschüttet und mit frischer Butter und fein gewiegter Petersilie zur Tafel gebracht.
Für den einfacheren Haushalt braucht man weniger

Erbsen, wenn man dieselben, mit Karotten gemischt, in weisser Sauce auf den Tisch gibt. Oder aber, man dünstet die Erbsen unter aufmerksamem Beobachten (wegen des Anbrennens!) in Butter weich, stäubt ein Löffelchen voll Mehl darüber, giesst etwas Brühe hinzu, salzt und würzt zum Schluss mit Petersilie.

Kartoffelpastetchen mit Pilzfülle

Kalte gekochte Kartoffeln werden gerieben und mit Salz, zwei Eiern und Brosamen-Mehl zu einem Teig verarbeitet, der gut zusammenhält. Man formt von diesem mit der Hand kleine Pastetchen, die in Butterschmalz hellbraun gebacken werden. Diese werden mit fein gehackten, in Butter und Kräutern weich gedämpften Champignons oder Eierpilzen gefüllt.

Rahmtorte

Ein starker Kochlöffel Mehl wird mit einem Glas Milch zu einem Brei gekocht; ist dieser erkaltet, kommen ½ Liter saurer Rahm und sechs Eigelb dazu, Zucker nach Geschmack und schliesslich der Schnee der sechs Eiweiss. Das Blech wird mit Butterteig ausgelegt, der Teigboden mit Rosinen bestreut, obige Masse darüber gegeben und die Torte bei guter Hitze gebacken.

Vierte Woche

Montag

Eingemachte Tomaten mit Reisrand
– Kaiseromelette – Kompott

Eingemachte Tomaten

Nach dem Konservierungsverfahren in Gläsern eingemachte Tomaten werden in eine Kasserolle mit genügend Brühe gegeben, gesalzen und ins Kochen gebracht. Man bereitet, wie schon mehrmals angegeben, in einem Schüsselchen einen Teig von einem Stück weicher Butter und einem Esslöffel Mehl, gibt dies an das Gemüse, rührt alles gut zusammen, lässt das Gericht noch ¼ Stündchen langsam kochen, fügt etwas Schnittlauch und zwei hart gesottene, in Schnitzchen geteilte Eier hinzu.

Reisrand

½ Pfund Reis wird mit etwas Salz, einem Stückchen Butter in stark einem Liter Wasser eine gute Stunde ganz langsam weich gedämpft. Man nimmt hierzu am besten sogenannten Mailänder Reis, der nicht so rasch schleimt oder zerfällt, was beides nicht sein darf, indem die Körner schön ganz bleiben sollen. Diesen fertigen Reis presst man in eine runde, schmale Form und stürzt ihn auf eine tiefe, runde Platte. Innen hinein kommt, wie ein Ragout, das Tomatengemüse. Aussen herum kann man mit kleinen ausgestochenen Sternchen aus feinem

Weissbrot, welche in Fett gebacken sind, garnieren, so man eine besonders reiche Schüssel will.

Kaiseromelette

Drei Esslöffel Mehl werden mit drei Eidotter abgerührt, etwas weniges fein gewiegte Zitronenschale beigefügt, der steife Schnee der drei Eiweiss hinzugegeben. Von dieser Masse backt man kleine Omeletten, von denen immer zwei aufeinander gelegt werden, zwischen die man etwas eingemachte Früchte füllt. Sie werden kurz vor dem Essen gebacken und warm zu Tisch gebracht.

Dienstag

Blumenkohl im Ofen – Pommes frites – Salat
– Caramel-Creme – Zwiebackstorte

Blumenkohl im Ofen

Der Blumenkohl wird gereinigt und weich gekocht. Daneben bereitet man eine gute weisse Sauce. Ist der Blumenkohl fertig, ordnet man denselben in einer feuerfesten Schüssel fest aneinander, gibt die Sauce darüber, bestreut ihn mit Brosamen und fein geriebenem Käse, legt kleine Butterstückchen darauf und lässt ihn im Ofen eine hellgelbe Farbe annehmen.

Pommes frites

Rohe Kartoffeln werden in feine längliche Scheiben geschnitten und in siedendem Butterschmalz gebraten, doch müssen sie zuvor in einem reinen Tuch abgetrocknet werden. Man wirft sie zweimal ins Fett. Das erste Mal backt man sie hellgelb, das zweite Mal mittelbraun. Die Kartoffeln werden etwas gesalzen.

Caramel-Creme

Acht Eiweiss werden zu steifem Schnee geschlagen, ½ Pfund gebrannter Zucker hineingeschlagen, eine Stange Agar-Agar (Geliermittel, Gelatine), in ganz wenig warmem Wasser aufgelöst, ebenfalls dazugegeben und die Creme so lange geschlagen, bis sie ganz kalt ist.

Zwiebackstorte

10 Eigelb werden mit ½ Pfund Zucker eine halbe Stunde gerührt, das Abgeriebene einer Zitrone beigefügt, sowie acht geriebene Zwieback. Zuletzt mengt man das Weisse der 10 Eier hinzu und bäckt die Torte eine schwache Stunde lang.

Mittwoch

Bayrisches Kraut – Linsenpüree
– Reiskuchen mit Äpfeln

Bayrisches Kraut

Das Weisskraut wird fein eingehobelt. Dasselbe wird in Butterschmalz und etwas Zwiebel weich gedämpft. Nun röstet man einen Kochlöffel voll Mehl in etwas Butter braun, gibt dies an das Kraut, nebst Zitronensaft, Salz und ein Glas alkoholfreien Rotwein, dünstet noch eine Viertelstunde und serviert.

Linsenpüree

Die Linsen werden am Abend zuvor eingeweicht und anderntags fertig gekocht. Wenn sie weich sind, passiert man sie durch ein Sieb oder die Püreemaschine, salzt und gibt ein Stück Butter hinzu, kocht das Püree noch kurze Zeit und richtet es auf einer länglichen Platte an.

Reiskuchen mit Äpfeln

½ Pfund Reis wird mit einem Liter Milch, einem achtel Pfund Butter und einer kleinen Prise Salz weich und dick gekocht. Dazu gibt man ¼ Pfund Zucker, ¼ Pfund Weinbeeren, ebenso viel Rosinen, das fein gehackte Gelbe einer Zitrone, sowie sechs Eigelb. Die ganze Masse wird zuletzt mit dem Schnee der sechs Eiweiss vermengt, lagenweise mit Apfelkompott (immer eine Lage Reis, eine Lage Kompott, obenauf Reis) in eine Auflaufform gebracht und schön braun gebacken. Man kann auch, statt den Einweissschnee den anderen Zutaten beizumengen, denselben mit etwas Zucker vermengen und zum Schluss oben auf die Form geben, die Speise in die Röhre stellen, bis der Schnee bräunlich ist.

Donnerstag

Grünkornsuppe – Rosenkohl mit Reiskoteletts – Salat

Grünkornsuppe

Eine Tasse voll Grünkornschrot (Grütze) wird in einem Stück Butter dunkelgelb geröstet. Man füllt nun je nach Bedarf mit Wasser auf, gibt eine fein geschnittene Karotte und Sellerie, etwas Salz und einen Stängel Lauch hinzu und kocht die Suppe 1 bis 2 Stunden lang, damit sie schleimig wird. Vor dem Anrichten legiert man sie mit Eigelb und süssem Rahm.

Rosenkohl

Die Röschen werden sorgfältig vom Stängel abgelöst, von den gelben Blättchen befreit, gewaschen und in Salzwasser oder auf dem Sieb im Dampftopf weich gekocht. Inzwischen hat man eine weisse Sauce hergestellt, zu der man die übrige Brühe vom Rosenkohl ausgezeichnet verwenden kann und werden die Röslein in dieser Sauce serviert.

Reiskoteletts

Man kocht ½ Pfund Reis in halb Milch, halb Wasser (im Ganzen einen Liter) und etwas Salz zu einem steifen Brei und gibt diesen auf eine Platte oder ein Holzbrett, streicht ihn in gleichmässiger Dicke auseinander und lässt ihn erkalten. Hierauf werden rechteckige Stücke davon abgeschnitten, diese in geschlagenem Ei und Semmelkrummen gedreht und in Butterschmalz auf beiden Seiten schön hellbraun gebacken. Man kann auf diese Weise auch eine süsse Speise bereiten, indem man statt des Salzes etwas Zucker nimmt und die Schnitten nach dem Backen überzuckert auf den Tisch bringt.

Freitag

Gefülltes Kraut – Kohlraben – Brunnenkresse-Salat – Wiener Auflauf – Himbeersauce

Gefülltes Kraut

Man nimmt zwei feste Krautköpfe, löst die äussersten Blätter ab, höhlt in die Köpfe eine Vertiefung und kocht sie halbgar. Inzwischen hat man eine Fülle vorbereitet, bestehend aus fein geriebenem Grahambrot, einer fein gehackten, mit grünen Kräutern zusammen gewiegten und in Butter gedämpften Zwiebel, ½ Pfund gesottenen, geriebenen Kastanien und etwas Salz. Mit dieser füllt man die Köpfe, legt obendrauf einige grössere, gekochte Blätter als Deckel, bindet die Köpfe gut zu und siedet sie im Salzwasser vollends weich. Man schneidet vor dem Auftragen die Fäden wieder ab, und serviert zu dem Kohl eine Buttersauce (Spargelsauce).

Wiener Auflauf

6 Eigelb, 3 Löffel Mehl, 3 Löffel Zucker, 1 eigrosses Stück Butter, ¾ Liter Milch und etwas Vanille rührt man

zusammen auf dem Feuer, bis es gut dick ist. Nachdem man die Masse hat etwas erkalten lassen, schlägt man das Weisse zu Schnee und mengt dasselbe leicht unter die Masse. Der Auflauf wird in gelindem Ofen gebacken.

Himbeersauce

¼ Liter Himbeersaft wird mit ½ Liter Wasser und wenig Zucker vermischt, ans Feuer gestellt, und mit 2 Teelöffel Kartoffelmehl abgerührt, welches man in einem Tässchen mit Wasser etwas angerührt hat. Man lässt die Sauce nochmals aufkochen und gibt sie abgekühlt auf die Tafel.

Samstag

Salatgemüse – Rahmkartoffel – Ofenschlupfer – Chaud'eau-Sauce

Salatgemüse

Schöner fester Kopfsalat wird gereinigt und in wenig Salzwasser weich gekocht. Man lässt das Gemüse auf dem Sieb abtropfen, wiegt es fein und bewahrt die Brühe bis zur Fertigstellung des Gemüses. In eine Pfanne gibt man ein Stück Butter, fügt etwas fein geschnittene Zwiebel bei, dämpft einen Kochlöffel voll Mehl hellgelb darin, tut das fein gewiegte Gemüse hinzu, und verdünnt dasselbe mit der übrigen Gemüsebrühe. Man lässt das Gericht noch ¼ Stunde kochen und serviert es mit Eiern garniert.

Rahmkartoffeln

Man gibt süssen Rahm in die Pfanne, dazu gekochte geschälte Kartoffeln, in Rädchen geschnitten, etwas Salz und ein Stückchen Butter. Dies lässt man zusammen dicklich einkochen.

Ofenschlupfer

Man schneidet Milchbrötchen oder Einback in feine Schnitten, richtet einen Teller voll fein geschnittener Apfelschnitzchen, reinigt ¼ Pfund Sultaninen und ebenso viele Rosinen. Von diesen Dingen gibt man lagenweise in eine mit Butter ausgestrichene Auflaufform, fängt mit Brot an und schliesst mit Brot. Man verrührt drei ganze Eier mit ¼ Pfund Zucker und einem Liter Milch, giesst dies über das Brot und bäckt den Auflauf hellgelb im Ofen.

Chaud'eau-Sauce

Vier Eigelb, vier Esslöffel Zucker, drei Viertelliter alkoholfreien Weisswein und etwas Zitronensaft. Eigelb und Zucker werden zusammen ¼ Stunde gerührt, aufs Feuer gebracht und der Wein beigefügt, alles zusammen mit dem Schneebesen geschlagen, bis es dick wird, doch darf es nicht zum Kochen kommen.

Sonntag

Champignons-Gemüse – Semmel-Eierkuchen – Salat – Schokolade-Griespudding mit Schlagrahm

Champignons-Gemüse

Die Champignons werden geputzt, halbiert, in Butter mit etwas fein gehackter Zwiebel im eigenen Saft weich gedämpft, ein Löffelchen Mehl darüber gestäubt, 3 bis 4 Esslöffel sauren Rahm dazu gegeben und nach kurzem Kochen angerichtet. Man garniert das Gemüse mit gerösteten Brotschnitten, wenn man es als Vorspeise ohne weitere Beilage geben will.

Semmel-Eierkuchen

Man weicht eine gehörige Portion feine Weissbrotschnitten in Milch ein, bis sie sich zerdrücken lassen, gibt 2 bis 3 Eier, etwas Salz und Schnittlauch hinzu und bäckt von diesem Teig runde Pfannkuchen in Butterschmalz auf beiden Seiten schön braun.

Kalter Schokoladenpudding

¼ Pfund Schokolade wird in einem Liter Milch aufgekocht und etwas Zucker, je nach Geschmack, beigegeben, man sät in die kochende Milchschokolade ½ Pfund Marseiller Gries (zu beziehen von Gebr. Weilenmann, Veltheim bei Winterthur) und kocht denselben unter häufigem Rühren zu einem dicken Brei, den man nun etwas verkühlen lässt. Zu diesem schlägt man vier Eigelb, fügt den Schnee der vier Eiweiss hinzu, füllt die Masse in mit Wasser ausgespülte Formen und stürzt den Pudding, wenn er erkaltet ist, auf eine runde Platte. Man verziert ihn mit geschlagener und mit etwas Zucker gesüsster Sahne (Nidel).

Fünfte Woche

Montag

Gemüse-Allerlei mit Mayonnaise – Kopfsalat – Griesbällchen mit Kompott

Gemüse-Allerlei

Man kocht allerlei junges Gemüse, beispielsweise Karotten, Erbsen, junge Böhnchen, Blumenkohl, Kohlrabi und zarte Wirsingköpfe, auch einige Kartoffeln, jede Sorte für sich allein in Salzwasser weich und ordnet die fertigen Gemüse recht geschmackvoll auf eine runde Platte. Dazu serviert man eine Mayonnaise.

Mayonnaise

Man verrührt 2 Eigelb mit etwas Salz und schlägt mit dem Schneebesen ganz langsam, tropfenweise ½ Liter Olivenöl hinein, gibt etwas Zitronensaft hinzu und rührt immer tüchtig, bis die Sauce die Dicke von schaumig gerührter Butter hat.

Griesbällchen

Zwei grosse Tassen voll Milch, ¼ Pfund Zucker, ein Stückchen Butter und etwas fein geriebene Zitronenschale werden zusammen aufgekocht, hierauf nicht ganz ½ Pfund Gries durchgerührt, und der Teig unter Rühren tüchtig abgearbeitet, bis er sich von der Pfanne losschält. Man bringt ihn zum Abkühlen in eine Schüssel, schlägt drei ganze Eier darin, rührt nochmals gut untereinander und formt von diesem Teig mit der mit Wasser angefeuchteten Hand runde Bällchen, die in schwimmendem Fett gebacken und mit Zucker bestreut werden. Diese Speise ist einfach, billig, nahrhaft und passt zu jedem Kompott, auch zu Dörrobst.

Dienstag

Zuckerschäfen – Grünkern-Koteletts – Salat – Kartoffel-Biskuittorte – Apfelsinencreme

Zuckerschäfen (Schoten)

Die Zuckerschäfen werden von den Fasern befreit, in wenig Wasser weich gekocht, ein Teigchen von Butter und Mehl hinzugefügt, noch kurz einkochen lassen und aufgetragen.

Grünkern-Koteletts

Grünkerngrütze (eine grosse Tasse voll) wird in siedendes Salzwasser eingestreut und darin weich und zu einem sehr steifen Brei gekocht. Wenn nahezu erkaltet, schlägt man 2 bis 4 Eier dazu, gibt gewiegte Küchenkräuter hinzu, und formt kleine hohe runde Kuchen davon, welche in Ei und Brosamen getaucht, in Butterschmalz schön braun gebraten werden.

Kartoffel-Biskuittorte

Sechs ganze Eier, acht Eigelb, ¼ Pfund Zucker, ¼ Pfund fein geriebene Mandeln werden ½ Stunde zusammen gerührt. Hierauf gibt man ¼ Pfund geriebene Kartoffeln dazu und rührt nochmals ½ Stunde. Zum Schluss fügt man den Schnee von vier Eiweiss, sowie drei Löffel Feinmehl hinzu, füllt die Masse in eine mit Butter bestrichene, mit geriebenem Zwieback ausgestreute Springblechform und backt die Torte langsam in 1 ½ Stunden.

Apfelsinencreme

Man rührt ¼ Pfund Zucker mit vier Eigelb, der auf Zucker abgeriebenen Schale einer Orange, dem Saft von drei Apfelsinen und ½ Liter alkoholfreien Weisswein bei gelinder Hitze auf dem Feuer bis nahe ans Kochen, nimmt die Creme vom Herd und mischt, wenn etwas abgekühlt, ½ Liter Schlagsahne darunter. Man schüttet die Creme in eine Glasschale und serviert sie kalt.

Sommerrezepte

Erste Woche

Montag

Gefüllte Tomaten mit Sauce – Maccaroni au gratin – Johannisbeerkuchen

Gefüllte Tomaten mit Sauce

Grosse Tomaten werden von den Kernen befreit und mit folgender Masse gefüllt: Vier Brötchen werden in Milch eingeweicht und gut ausgedrückt, darunter in Butter gedämpfte, fein gewiegte, grüne Kräuter, Zwiebel und eine halbe rohe Sellerie gegeben, 2 bis 3 Eier beigefügt, sowie etwas Salz hinzu getan. Die gefüllten Tomaten werden in einer Form im Bratofen mit Butter gebraten. Von den Kernen und dem Saft kann man mit etwas Butter, Mehl und Zitronensaft eine Sauce machen und darüber giessen. Am besten ist es, die Speise in der Form zu servieren; wer jedoch nicht dafür eingerichtet ist, richte dieselbe auf einer Platte an.

Maccaroni au gratin

Die Maccaroni werden in gesalzenem Wasser weich

gekocht, dann in Butter, etwas Parmesankäse und saurem Rahm kurze Zeit gedämpft. Nun streicht man eine Form mit Butter aus, gibt die Maccaroni hinein, streut Parmesankäse und Brosamen oben darauf, legt kleine Butterstückchen darüber und zieht die Speise im Ofen auf.

Johannisbeerkuchen

Man kann folgenden Teig machen: Es wird ein Achtel Pfund Butter schaumig gerührt; dazu gibt man drei Ei schwer Zucker, nach und nach drei etwas angewärmte Eier, endlich ebenso viel Mehl als Zucker und fein geriebene Zitronenschale. Diesen Teig wirft man gut, wellt ihn aus und belegt damit das Kuchenblech. Ehe man die von den Stielen befreiten Johannisbeeren darauf gibt, lässt man den Kuchen im Ofen etwas anziehen, legt dann die Beeren darüber, zuckert sie tüchtig ein und backt den Kuchen gar.

Dienstag

Dicke Bohnen – Kartoffelklösse – Salat – Eisbär – Schokoladensauce

Dicke Bohnen

Die Bohnen, sogenannte Saubohnen, werden enthüllt und dann wie junge Erbsen in Butter mit etwas Salz und Wasser weich gedämpft. Kurz vor dem Essen streut man ein Kaffeelöffelchen voll Mehl darüber und verdünnt die Sauce noch etwas, so es notwendig ist.

Kartoffelklösse

Man nimmt sechs Fünferbrötchen, schneidet die Hälfte davon in Bröckchen, röstet dieselben in Butter schön gelb, während die andere Hälfte des Brotes in Milchwasser eingeweicht, ausgedrückt und fein zerzupft wird.
Am Tag zuvor in der Schale geriebene Kartoffeln werden gerieben, zu diesen gibt man, dem Kartoffelquantum entsprechend 2 bis 4 ganze Eier, etwas Salz und geriebene Muskat, eventuell, wenn der Teig noch zu weich ist, einige Esslöffel Weissmehl. Man mengt alles gut durcheinander, formt mit der Hand runde Klösse, in deren Mitte man einen Löffel voll der gerösteten Brotbröckchen drückt und siedet die Klösse vorsichtig 10 bis 15 Minuten in gesalzenem Wasser. Man hebt sie mit dem Schaumlöffel sorgsam auf die Platte heraus und übergiesst sie mit in Butter gebratenen, fein geschnittenen Zwiebelstückchen.

Eisbär

¼ Pfund Kartoffelmehl rührt man mit etwas Milch glatt an. Inzwischen macht man schwach 1 ½ Liter Milch mit ¼ Pfund Zucker siedend, gibt 50 gr. süsse, geschälte und geriebene Mandeln, auch 3 bittere darunter, schabt eine an Zucker abgeriebene Zitrone dazu, fügt das dünne Kartoffelmehl-Teigchen hinzu, tut alles zusammen wieder aufs Feuer und lässt es unter beständigem Rühren zu Breidicke kochen. Indessen werden sechs Eiweiss zu Schaum geschlagen, derselbe noch über dem Feuer in die Masse ausgespülte Form gegossen. Wenn sie einige Stunden, besser noch über Nacht, gestanden hat, wird sie auf eine Platte gestürzt.

Schokoladensauce

125 gr. zerbröckelte Schokolade wird mit einem Drittel Liter Milch unter stetem Umrühren gut verkocht, alsdann noch ¼ Liter Milch zugegossen. Hat dies zusammen aufgekocht, so giesst man es ab und lässt es eine Viertelstunde zugedeckt stehen. Ein Esslöffel Mehl wird mit schwach ¼ Liter kalter Milch und 1 bis 2 Eigelb glatt verrührt, die Schokolade dazu gegossen, zusammen aufs Feuer genommen und unter tüchtigem Schlagen ins Kochen gebracht. Man serviert sie warm oder kalt zum Pudding.

Mittwoch

Kohlraben – Pilzkartoffeln – Mandelpudding mit Sauce

Kohlrabi (Kohlraben)

Sind die Kohlrabi jung, so können Knollen und Blätter zu einer feinen Schüssel verwendet werden. Die Knollen werden geschält und in Salzwasser weich gekocht; von den zarten Blättern wird ein Gemüse genau wie Mangold (siehe Anhang) bereitet; dies hält man warm. Einstweilen blättelt man die Kohlrabi in Rädchen auf, schwenkt

sie in Butter, stäubt ein Löffelchen Mehl darüber, giesst von dem Gemüsesud nach, um die Sauce seimig (veraltet für «dickflüssig») zu machen. Nun richtet man dies in die Mitte der (runden) Platte und garniert das Grüngemüse kranzförmig herum.
Bei älteren Kohlraben kann man nur die Knollen verwenden, die man wie oben behandelt.

Pilzkartoffeln

Kartoffeln werden gekocht, geschält und in Vierecke geschnitten. Die Pilze, Stein- oder Eierpilze, reinigt man, wiegt sie roh und dämpft sie in Butter weich. Man streicht eine Form mit Butter aus, belegt den Boden halbfingerhoch mit Kartoffeln, gibt von den Pilzen darauf und füllt die Form, mit Kartoffeln schliessend. Zwei Eier, etwas Salz, Schnittlauch und eine Tasse sauren Rahm werden zusammen gut verrührt, über den Auflauf gegossen und derselbe im Ofen hellgelb gebacken. Damit er oben nicht trocken wird, legt man kleine Butterstückchen darauf.

Mandelpudding

100 gr. Mehl, ein nussgrosses Stückchen Butter, schwach ¼ Liter Milch werden kalt angerührt, damit es keine Knollen gibt, und dieser Teig in einer Messingpfanne auf dem Feuer so lange gekocht, bis sich die Masse von der Pfanne losschält.
Fünf Eigelb, fünf Esslöffel Zucker, 100 gr. geschälte, fein geriebene Mandeln und etwas geriebene Zitronen- oder Orangenschale werden miteinander 10 Minuten gerührt, zu dem Brandteig gegeben, wieder tüchtig

umgerührt, das Weisse der fünf Eier leicht unter die Masse gemischt, der Pudding in eine gut bestrichene Form gebracht und ½ Stunde im Wasserbad gekocht. Die Masse kann auch im Ofen gebacken werden, nur muss dann ein Ei mehr hinzukommen.

Donnerstag

Junge, gelbe Rüben (Karöttchen) – Schupfnudeln – Salat – Himbeercreme

Karottengemüse

Die jungen Rübchen werden von Kraut und Schwänzchen befreit, sauber gewaschen und in wenig Salzwasser oder im Dampftopf weich gekocht. Man schüttet sie auf ein Sieb und zieht denselben das kleine Häutchen ab, wirft sie in zerlassene Butter, gibt etwas gewiegte Petersilie daran und serviert das Gemüse.

Schupfnudeln

Rohe, geschälte Kartoffeln werden in Salzwasser gesotten, durch die Püreemaschine gepresst oder durch ein Sieb gerieben. Nun gibt man vier Eigelb, zwei Esslöffel sauren Rahm, Salz, Muskat und ein Stückchen Butter hinein, zuletzt noch eine Handvoll Mehl. Dies mengt man tüchtig untereinander und wellt den Teig mit Mehl aus. Man schneidet nussgrosse Stückchen davon ab und formt mit der Handfläche längliche Nudeln. Diese legt man etwa fünf Minuten in heisse Milch, sie dürfen aber nicht kochen. Darauf legt man sie auf ein reines Tuch und schliesslich werden sie in heissem Fett hellgelb gebacken.

Himbeercreme

Man verliest zwei Liter Himbeeren, treibt sie mit ½ Liter heissem Rahm bis auf die Körner, die zurückbleiben müssen, durch ein Sieb, reibt eine Zitrone an Zucker ab und rührt es unter das Durchgetriebene. In der Süsse muss man sich an den eigenen Geschmack halten. Wenn die Creme stark gerührt ist, giesst man sie in eine Glasschüssel und stellt sie in den Keller. Sie schmeckt kalt wie Gefrorenes. Im Winter kann man auch von eingemachten Himbeeren eine solche Creme bereiten, dann bleibt aber der Zucker weg.

Freitag

Kerbelsuppe – Junges Welschkorn (Mais) mit zerlassener Butter – Kirschentorte mit Gries

Kerbelsuppe

Junges Kerbelkraut wird verlesen, gewaschen und roh fein gehackt. In einer Pfanne lässt man ein Stück Butter zergehen, dämpft ein halbes fein geschnittenes Zwiebelchen und zwei Kochlöffel Mehl hellgelb darin, gibt den gehackten Kerbel dazu, etwas Salz und füllt mit Wasser nach. Es muss eine mitteldicke Suppe sein, wenn sie fertig gekocht hat, was ungefähr ¾ Stunden dauert. Man richtet sie über gebähte (leicht geröstete) Brotschnitten an und legiert sie mit einem Ei.

Junges Welschkorn (Mais)

Unreife Maisknollen werden in Salzwasser weich gekocht, auf eine Platte gelegt und frisch zerlassene Butter extra dazu serviert.

Kirschentorte mit Gries

Man kocht von einem Liter Milch, ½ Pfund Gries, 100 gr. Zucker und etwas geriebener Zitronenschale einen steifen Brei, fügt diesem, wenn er etwas abgekühlt ist, vier Eigelb und zwei Pfund abgestielte (wenn man will ausgesteinte) Kirschen, zuletzt den Schnee der vier Eiweiss hinzu, bäckt das Ganze in einer Kuchenform in einer Stunde bei guter Hitze fertig.

Samstag

Rührei mit Brockspargel – Pariser Kartöffelchen – Hefenwaffeln – Kompott von rohen Erdbeeren

Rührei mit Brockspargel

(Nach Luise Schäfer's Kochbuch) Ein Büschel Brockspargeln wird in kleine Stückchen geschnitten, diese gewaschen, in Salzwasser weich gekocht und auf ein Sieb geschüttet, damit sie gut ablaufen. Dann mache ein nicht zu festes Rührei von 6 Eiern, 1/8 Pfund Butter und Salz, richte es auf eine Platte an, mache die Spargeln in einem Stück süsser Butter heiss und garniere sie um die Eier.

Pariser Kartöffelchen

Kleine Kartöffelchen werden mit dem Ausstecher ausgestochenen, 1 bis 2 Mal in siedendem Salzwasser aufgekocht, hierauf in heissem Öl langsam weich gedämpft, dass sie dunkelgelbe Krusten bekommen.

Hefewaffeln

¾ Pfund Mehl, knapp ½ Liter laufwarme Milch, für 5 Cts. Hefe, 3 Esslöffel voll Zucker, 3 Eier, fein gewiegte Zitronenschale, ¼ Pfund zerlassene Butter werden zu einem dickflüssigen, lockeren Teig verarbeitet, den man an einem warmen Ort aufgehen lässt und im Waffeleisen auf beiden Seiten dunkelbraun backt. Das Waffeleisen muss vor jedesmaliger neuer Füllung gut mit Fett bestrichen werden, damit die Waffeln nicht anhängen. Dieselben werden mit Zucker bestreut auf die Tafel gebracht.

Kompott von rohen Erdbeeren

Man zerreibt die von den Stielen befreiten frisch gepflückten Gartenerdbeeren in einer Schüssel mit einer Reibekelle, süsst das Kompott nach Bedürfnis und serviert es in Glasschalen. Es ist ausserordentlich erfrischend und gut.

Sonntag

Artischocken mit Zitronentunke
– Omelette fines herbes – Blitzkuchen

Artischocken

Man reinigt die Artischocken von den äusseren spitzigen Blättern, schneidet das holzige am Boden ab und kocht sie in Salzwasser gut weich. Es muss nun bei jeder Artischocke, so sie nicht mehr ganz jung sind, mit einem Löffelchen das Wollige vorsichtig herausgenommen werden, und legt sie nochmals ins heisse Wasser zurück, damit man sie warm zu Tisch bringt. Man serviert dazu eine Tunke von Zitronensaft, Öl und etwas Salz, welche drei Dinge gut miteinander verrührt werden müssen.

Omelette fines herbes

Man macht von 10 Esslöffeln Mehl, etwas Salz, lauer Milch und vier Eiern einen guten Omelettenteig, fügt diesem allerhand fein gewiegte Kräuter wie Schnittlauch, Majoran, Estragon, auch wenn man will einige fein gewiegte Champignons hinzu, und bäckt von diesem Teig dünne Omeletten zu beiden Seiten in Butter hellbraun.

Blitzkuchen

Zu diesem Kuchen benötigt man neun Eier, neun eischwer Zucker, sechs eischwer Mehl, drei eischwer Butter, etwas geriebene Zitronenschale.

Zuerst wird das Gelbe der neun Eier mit dem Zucker und dem Schnee der neun Eiweiss eine ½ Stunde lang gerührt, sodann das Mehl und die Zitrone beigefügt, zuletzt die zerlassene Butter hineingegeben, rasch umgerührt, in die bebutterte Kuchenform (Springblech) gefüllt und dunkelgelb in gelindem Ofen gebacken.

Zweite Woche

Montag

Römischer Salat – Breite Nudeln – Salat – Schokoladenpudding

Römischer Salat
Das Gemüse wird gewaschen und in wenig Salzwasser weich gekocht, die Blätter auf ein Sieb gelegt, von Butter, Mehl und Gemüsebrühe eine dünne Tunke bereitet, die Blätter darin gelegt, noch etwas anziehen lassen und angerichtet.

Breite Nudeln
Man zerklopft drei ganze Eier mit etwas Salz und arbeitet so viel Mehl hinzu, dass es einen festen Teig gibt, welchen man auf einem gut mit Mehl bestäubten Blech zu einem grossen dünnen Kuchen auswellt, den man zu einer Rolle zusammenwickelt und von dieser mit dem Messer zentimeterbreite Stücke abschneidet, welche man auseinander schüttelt und auf dem Brett

abtrocknen lässt. Man macht sie am besten den Tag vor dem Gebrauch. Die Nudeln werden in siedendem Salzwasser weich gekocht und mit brauner Butter übergossen serviert.

Schokoladenpudding

Sechs Eigelb werden mit ¼ Pfund Zucker schaumig gerührt, ¼ Pfund fein geriebene Schokolade dazugegeben, ¼ Pfund Mehl und der Schnee der sechs Eiweiss beigefügt. Die Form wird gut mit Butter beschmiert und mit Gries ausgestreut; doch darf dieselbe nicht bis zum Rand gefüllt werden. Man kocht den Pudding eine Stunde lang im Wasserbad.

Dienstag

Rotrübengemüse – Geröstete Spätzle – Salat – Erdbeerschnitten

Rotrübengemüse

Junge zarte Rotrüben (Rahnen) können recht gut zu Gemüse verwendet werden, während man die ausgewachsenen nur zu Salat gebraucht. Die Rüben werden vom Kraut befreit, gut gewaschen und im Dampf weich gekocht. Man löst dann das äussere Häutchen ab und schneidet die Rüben in Rädchen. In einer Pfanne lässt man ein Stück Butter heiss werden, schwitzt darin fünf Kochlöffel voll Mehl dunkelbraun und giesst Salzwasser hinzu, bis es eine dickflüssige Sauce ist, welche mit

Zitrone gesäuert wird. In diese Tunke legt man die Rübenrädchen und lässt das Gericht noch ¼ Stunde zusammen langsam kochen.

Geröstete Spätzle

Am Tag zuvor bereitete Spätzle werden in Butter angebraten. Man zerklopft mit einer Holzgabel zwei ganze Eier mit etwas Milch, giesst diese Flüssigkeit über die Spätzle und röstet dieselben auf beiden Seiten schön dunkelgelb.

Erdbeerschnitten

Man schneidet Brotschnitten wie zu Rhabarberschnitten und bereitet sie auf eben diese Speise vor. Rohe Erdbeeren werden mit einem Holzlöffel zerdrückt, nach Bedürfnis gesüsst und kurz vor Gebrauch die Schnitten dick damit belegt.

Zur Ergänzung wiederholt das Rezept der Rhabarberschnitten: Man schneidet runde Weissbrotschnitten, bäckt sie in Butter knusprig und legt sie dann einige Minuten in Zuckerwasser. Man hat inzwischen ein gutes Rhabarbermus bereitet, welches nun sorgfältig auf die Schnitten aufgetragen wird und diese nebeneinander auf einer Kuchenplatte serviert werden.

Mittwoch

Weisse Suppe mit Maccaroni und Klösschen
– Gefrorenes – Kleingebäck

Weisse Suppe mit Maccaroni und Klösschen

In einem Stück frischer Butter werden vier Kochlöffel voll Mehl hellgelb gedämpft und Gemüsebrühe auf Suppendicke nachgefüllt. In Salzwasser gesottene Maccaroni werden in kurze Stückchen geschnitten und bereitgestellt. Die Klösschen werden folgendermassen hergestellt: Man macht von ½ Liter Milch, etwas Salz, einem Stückchen Butter und ¼ Pfund Mehl auf dem Feuer einen Teig, der sich von der Pfanne löst. Ist er etwas abgekühlt, gibt man drei ganze Eier hinzu, verrührt alles gut zusammen und formt runde Klösschen, die in siedendem Fett braun gebraten werden. Die Suppe wird mit süssem Rahm und Eigelb legiert, die Maccaronistückchen und die Klösschen hinein gelegt und serviert.

Vanille-Gefrorenes

10 Eigelb werden mit ¼ Pfund Zucker ½ Stunde gerührt. ¼ Liter Milch wird mit zwei Stangen Vanille und Zitronenschale eine ½ Stunde gekocht, ½ Liter süssen Rahm dazugegeben und zusammen aufkochen lassen. Man lässt dies etwas abkühlen, rührt es dann mit der anderen Mischung zusammen und bringt alles zusammen aufs Feuer. Man lässt es unter beständigem Rühren aufkochen und passiert es durch ein Haarsieb. Zuletzt wird ½ Liter Schlagrahm darunter gegeben und die Creme in die Gefrierbüchse gegeben.

Makronen

7 bis 8 Eiweiss werden zu Schnee geschlagen und mit einem Pfund feinem Zucker untereinander gemengt, ½

Stunde gerührt. Nach diesem kommt ein Pfund geriebene Mandeln zu der Masse und formt man mit einem Kaffeelöffel längliche Formen auf ein mit Papier belegtes Blech. Diese bäckt man in gelinder Hitze.

Donnerstag

Blumenkohl – Gefüllte Laubfrösche – Salat – Meringueschalen mit Schlagrahm

Blumenkohl

Die Blumen werden von den grünen Blättern befreit und sorgsam geputzt, am besten 1 bis 2 Stunden in frisches Wasser gelegt, damit Schnecken und Raupen herausgezogen werden. Dann wird der Kohl in siedendes Wasser gebracht, das etwas gesalzen und mit einem halben Glas Milch vermischt ist, was die Blumen schön weiss erhält. Ist das Gemüse weich, wird es angerichtet und mit zerlassener Butter, in der fein gewiegte Petersilie leicht angedämpft wurde, übergossen.

Gefüllte Laubfrösche

Es wird eine Fülle gemacht von eingeweichtem, ausgedrücktem Weissbrot, in Butter gedämpften, fein gewiegten Kräutern, Zwiebeln und rohem Spinat, etwas Salz und geriebenem Brot, 3 bis 4 Eiern. Grosse Spinatblätter werden mit heissem Wasser übergossen und auf ein Sieb zum Abtrocknen gelegt. Man wickelt nun in jedes Spinatblatt einen Esslöffel voll von der Fülle, umwickelt das gefüllte Blatt mit Fäden, damit es nicht aufgeht und brät die sogenannten Laubfrösche in Butter auf beiden Seiten. Man serviert holländische Sauce dazu.

Meringueschalen mit Schlagrahm

Sechs Eiweiss werden zu steifem Schnee geschlagen, mit ½ Pfund Zucker und dem Saft einer Zitrone ½ Stunde gerührt. Mit einem Löffel setzt man längliche Formen auf ein mit Papier belegtes und mit Zucker bestreutes Blech, schiebt dieselben in den Ofen, wo sie aber mehr trocknen als backen sollen; er darf also ja nicht heiss sein. Um die Schalen schön abzulösen, giesse man Wasser unter das Papier. Man macht in jede Schale mit einem Kaffeelöffel eine Höhlung, welche mit geschlagenem, mit Zucker versüsstem Rahm gefüllt wird.

Freitag

Junge Erbsen mit Salatgemüse – Reisauflauf – Erdbeertorte

Junge Erbsen mit Salatgemüse

Grosse Erbsen werden gereinigt, gewaschen, dann zwei grosse Köpfe Salat quer fein geschnitten und gewaschen. Diese beiden Gemüse kommen in eine Kasserole mit 1 Stück Butter und Zucker und werden mit Wasser aufgefüllt; dann lässt man es schnell einkochen, streut einen Kochlöffel voll Mehl darüber, giesst nochmals einen

Löffel voll Wasser hinzu und serviert, nachdem es noch 10 Minuten gekocht hat.

Reisauflauf

Man gibt 1 Pfund Reis in kochendes leicht gesalzenes Wasser, deckt gut zu und lässt ihn langsam weich dämpfen; das Wasser muss einkochen, die Körner sollen ganz bleiben, daher empfiehlt es sich, lieber am Anfang weniger Wasser zu nehmen und nach Bedarf noch nachzugiessen. Ist der Reis fertig, wird er zum Abkühlen gestellt; unterdessen zerquilt man 2 Eigelb mit etwas Milch, reibt etwa 100 gr. guten Schweizer Käse, mischt zuerst die Eigelb mit dem Reis, dann den Käse und zuletzt den steifen Schnee der beiden Eiweiss. Nun streicht man eine Form mit Butter aus, füllt die Masse hinein, belegt sie oben mit kleinen Butterstückchen und bäckt sie in einem gute Ofen.

Erdbeertorte

Man belegt eine Kuchenform mit gutem Mürbeteig: ½ Pfund Mehl, ¼ Pfund Butter, ¼ Pfund Zucker, 1 Ei, etwas Salz und 2 Esslöffel sauren Rahm werden zusammengewirkt und ausgewellt. Auf den Teig kommen entstielte rohe Erdbeeren und folgender Guss oben drauf: 4 geschlagene Eiweiss, ¼ Pfund Zucker, ¼ Pfund geriebene Mandeln, 1 bis 2 Esslöffel voll Mehl. Man bringt die Torte in den Ofen und bäckt sie schön hellgelb.

Samstag

Wurzelsuppe mit Eierkäse
– Griesküchlein mit Heidelbeerkompott

Wurzelsuppe mit Eierkäse

Man schneidet 2 grosse Karotten, 2 Stangen Lauch, 1 Kopf Sellerie, ½ Kopf Wirsing, 2 kleinere Kohlrabi, 6 bis 8 Stück Bohnen, 2 bis 5 Kartoffeln in feine längliche Stückchen, gibt eine Handvoll enthülste Brockeierbsen hinzu. Nun wird in einer Pfanne ein Stück Butter zerlassen, darin eine fein geschnittene Zwiebel gedämpft und die fein geschnittenen Gemüse hinzugegeben. Unter mehrmaligem Umrühren und Schütteln lässt man sie mit der Butter durchziehen, giesst darauf die genügende Menge Wasser nach, salzt, wirft eine Handvoll gewaschene Reiskörner hinein und lässt die Suppe weich kochen. Eine ½ Stunde vor Gebrauch kommt noch ein kleiner Blumenkohl, in feine Röschen zerlegt, hinzu. Der Eierkäse wird kurz vor dem Anrichten, in Stücke zerlegt, beigegeben.

Eierkäse

Vier ganze Eier werden mit etwas Salz und Wasser geschlagen, dieselben in eine Form gegossen und diese in siedendes Wasser gestellt, bis es dick geworden ist. Darauf ist es fertig zum Gebrauch.

Einfache Grieskuchlein

Von einem Liter Milch, 500 gr. Zucker, fein gewiegter Zitronenschale und ½ Pfund groben Marseiller Gries wird ein steifer Brei gekocht, den man auf einem mit Wasser angefeuchteten Holzbrett in gleichmässiger Dicke auseinander streicht. Von dem erhaltenen Brei werden kleinere Vierecke abgeschnitten, diese in Ei getaucht und in Butterschmalz auf beiden Seiten braun gebraten.

Heidelbeerkompott

Rohe, verlesene und gewaschene Heidelbeeren werden mit einer hölzernen Reibekeule tüchtig zerdrückt, nach Bedürfnis gesüsst und 1 bis 2 Stunden kühl gestellt. Hierauf als Kompott verwendet.

Sonntag

Stangenspargeln (konserviert) mit Sauce – Gefüllte Kohlraben – Mehlpudding mit Chaudeau-Sauce – Himbeer-Makronen

Stangenspargel (konserviert)

Die Spargeln werden in der Brühe, in der sie eingemacht sind, heiss gemacht, herausgenommen und sorgfältig auf einer Platte arrangiert. Man serviert extra eine Spargelsauce dazu.

Sauce zu Spargeln

Zerlassene frische Butter, Salz, fein gewiegte Petersilie und Zitronensaft lässt man miteinander auf dem Feuer heiss werden und richtet sie an.

Gefüllte Kohlraben

Junge, zarte, mittelgrosse Kohlraben werden roh geschält und mit einem Messer vorsichtig ausgehöhlt. (Die ausgehöhlten Stückchen kann man zur Suppe verwenden.) Man füllt die Kohlraben mit einer Fülle, wie sie im Rezept «Gefüllte Zwiebel» (siehe Anhang) angegeben ist. Man brät die Kohlraben in Butter im Bratofen recht weich und braun.

Mehlpudding

Man nimmt drei Kochlöffel voll Mehl, ein nussgrosses Stückchen Butter, ein schwachgefülltes Trinkglas Milch, rührt dies alles glatt an, bringt es aufs Feuer und kocht den Teig, bis er sich von der Pfanne schält. Ist er erkaltet, rührt man zwei Eigelb, zwei Löffel Zucker, 50 gr. geschälte, geriebene Mandeln, etwas fein gewiegte Zitronenschale und den Schnee der zwei Eiweiss darunter. Der Pudding wird in eine gut mit Butter bestrichene Form gefüllt und ½ Stunde im Wasserbad gekocht. In den Teig kann man auch rohe Erdbeeren, Himbeeren oder Johannisbeeren tun.

Himbeer-Makronen

Zwei Eiweiss werden zu Schnee geschlagen, ¼ Pfund

gewiegte, geschälte Mandeln, ¼ Pfund Zucker und zwei Löffel Himbeerkonfitüre dazugegeben. Man verrührt diese Masse gut zusammen, setzt Häufchen auf Oblaten, macht von einem Eiweiss und 50 gr. Zucker ein Eiweiss darauf und bäckt in gelindem Ofen.

Dritte Woche

Montag

Gerstenschleimsuppe auf schottische Art
– Kirschen-Charlotte mit Sauce

Gerstensuppe auf schottische Art

Die Gerste wird am Abend zuvor eingeweicht; die grosskörnige Almer Gerster ist am ausgiebigsten und nahrhaftesten. Man setzt dieselbe mit reichlich Wasser und etwas Salz zu und kocht die Suppe langsam etwa 3 bis 4 Stunden, damit sie recht schleimig wird. Nach zwei Stunden werden derselben ein Stuck Butter und ein grosser Teller voll in kleine Vierecke geschnittenes Gemüse, wie Karotten, Sellerie, Bohnen, auch eine grosse Handvoll junge Erbsen beigefügt und dieselben in der Suppe weich gekocht.

Kirschen-Charlotte

¼ Pfund frische Butter wird schaumig gerührt, fünf Eigelb und fünf Esslöffel Zucker nach und nach dazu gegeben, 100 gr. fein geriebene Mandeln, etwas geriebene

Zitronenschale und fünf in Milchwasser eingeweichte, ausgedrückte Weissbrötchen beigefügt. Zuletzt werden unter diesen Teig zwei Pfund schwarze, abgestielte Kirschen gemischt, der Auflauf in die Form gefüllt und in heissem Ofen saftig gebacken.

Andere Art (nach L. Schefer)

Es werden drei Pfund Kirschen ausgesteint, ¼ Pfund Butter heiss gemacht, die Kirschen hineingelegt, mit ¼ Pfund Zucker kurz eingekocht und kalt gestellt. Milchbrötchen oder frischer Einback wird in dünne Scheiben geschnitten, in klare Butter getaucht und eine Form damit ausgelegt, so dass die Scheiben alle gut in der Form stehen. Darauf werden die Kirschen gefüllt, mit Brot zugedeckt, 1 ¼ Stunden in den Ofen gestellt, bis die Brote schön gelb gebacken sind, auf eine Platte gestürzt und serviert.

Dienstag

Eierpilze – Spinatröllchen – Früchtereis – Butterkuchen

Eierpilze

Die Eierpilze werden sorgfältig geputzt, in Stücke geschnitten und diese mit Butter und etwas Zwiebel im eigenen Saft weich geschmort. Man stäubt ein Kochlöffel voll Mehl darüber, gibt einige Löffel sauren Rahm hinzu, etwas Schnittlauch und richtet die Speise an.

Spinatröllchen

Von eingeweichtem, gut ausgedrücktem Weissbrot, in Butter gedämpftem, roh gehacktem Spinat, 3 bis 4 Eiern, Salz, Muskat und Semmelkrummen wird ein Teig bereitet, von diesem fünf Zentimeter grosse, runde Röllchen geformt, dieselben in Ei und geriebenes Brot getaucht und in Butterschmalz dunkelgelb gebraten.

Früchtereis

Eine Tasse voll Reis wird mit ½ Liter Wasser und ½ Milch kurz und steif eingekocht. Ist dies abgekühlt, rührt man drei Eigelb und drei Esslöffel Zucker daran, breitet die Hälfte der Masse auf eine Platte aus, streicht Obstkompott (am besten Aprikosen) oder legt frische Beeren darauf und gibt die andere Hälfte vom Reis obenauf. Nun schlägt man drei Eiweiss zu Schnee, vermengt diesen mit Vanillezucker, streicht ihn über die Speise und bäckt sie im Ofen 10 bis 16 Minuten, bis sie eine schöne goldbraune Farbe hat.

Butterkuchen

Hierzu ist notwendig: zwei Pfund Mehl, ½ Pfund Butter, zwei Eier, für fünf Centimes Hefe, etwa ¾ Liter Milch, etwas Salz. Es wird ein sogenannter Vorteig gemacht, die Butter auf dem Mehl in kleineren Stücken ausgebreitet und die Schüssel an die Wärme gestellt. Ist der Vorteig in die Höhe gegangen, kommen sämtliche Zutaten nacheinander dazu. Der Teig wird tüchtig abgearbeitet, zugedeckt und wieder an die Wärme gestellt. Ist er nochmals aufgegangen, wird der Teig auf dem Backbrett rund geformt. Mit einem spitzen Messer schneidet man leichte Streifen in den Kuchen, legt ihn in ein gut bestrichenes Blech, stellt ihn noch ½ Stunde an eine warme Stelle, bestreicht ihn mit Ei, streut Kümmel darauf und bäckt den Kuchen dunkelbraun.

Mittwoch

Mangoldgemüse – Petersilienkartoffel
– Spiegeleier – Mehlspeise von Stachelbeeren
oder Erdbeer-Gefrorenes

Petersilienkartoffeln

Rohe, geschälte Kartoffeln werden in grössere Vierecke geschnitten, mit Wasser (so viel, dass keine Brühe vorhanden ist, wenn sie weich sind), einem Stück Butter und reichlich gewiegter Petersilie in geschlossenem Dampftopf aufs Feuer gebracht. Man kocht dieselben eine starke ½ Stunde, doch werden sie nicht zu Brei zerrieben.

Spiegeleier

Am besten ist es, eine Spiegeleier-Pfanne zu haben. In jede dafür vorhandene Vertiefung gibt man ein Stückchen Butter. Lässt es zergehen und schlägt ein Ei hinein, das langsam gebacken wird. Doch darf der Eidotter keine Kruste oder Haut bekommen. Man streut auf jedes Ei ein wenig Schnittlauch.

Mehlspeise von Stachelbeeren

Man rührt 70 gr. Butter, drei Eier, 70 gr. Zucker, 40 gr. geriebenen Zwieback, zuletzt den Schnee der drei Eiweiss gut untereinander, gibt diese Masse lagenweise abwechselnd mit in Zucker eingekochten grünen (unreifen) Stachelbeeren in eine Form und bäckt die Speise ¾ Stunden.

Erdbeer-Gefrorenes

2 ¼ Pfund Walderdbeeren und ¼ Liter Johannisbeeren werden durch ein Haarsieb passiert. Dazu gibt man ein Pfund Staubzucker, den Saft einer Zitrone, ½ Liter frisches Wasser und füllt diese Masse in die Gefrierbüchse.

Donnerstag

Geriebene Milchbrotsuppe – Tomatengemüse – Griesklösschen – Salat

Geriebene Milchbrotsuppe

Man kocht eine kräftige Pflanzenbrühe mit Kräutern und Wurzeln, Petersilie, Lauch, Sellerie, Karotten, auch etwas Kohl. Hat dieselbe eine Stunde gekocht, wird sie abgeseiht (altes Wort für «sieben») und wenn sie wieder kocht, das Geriebene von zwei Milchbroten eingesäet und etwa 10 bis 15 Minuten mit einem Stück Butter gekocht. Die Suppe wird mit Eigelb legiert.

Tomatengemüse

Reife Tomaten werden gewaschen, in Stücke geschnitten und in ganz wenig Wasser und etwas Salz weich gekocht. Man gibt hierauf einen Teig von Butter und Mehl (wie schon mehrmals beschrieben) an das Gemüse, fügt einige Esslöffel voll süssen Rahm hinzu, würzt mit Schnittlauch und richtet nach kurzem Kochen an.

Griesklösschen

Man macht von ½ Liter Wasser und ½ Liter Milch, Salz und ½ Pfund Gries auf dem Feuer einen steifen Brei, den man zum Abkühlen stellt. Nun gibt man vier Eigelb und den Schnee der vier Eiweiss hinzu, formt mit der angefeuchteten Hand runde Klösse, die in siedendem Wasser 10 Minuten gekocht und mit geschmolzener Butter übergossen serviert werden.

Freitag

Rotkraut – Maiskoteletts – Vanille soufflée
– Johannisbeerkompott

Rotkraut

Feste Rotkrautköpfe werden auf dem Gurkenhobel fein geschnitten, in etwas Wasser und Salz langsam weichgekocht, ein Teich von Mehl und frischer Butter hinzugetan, mit 2 bis 3 Zitronen gesäuert und noch kurze Zeit gedünstet.

Maiskoteletts

In einem Liter gesalzenem Wasser säet man ½ Pfund grobes Mais (Maisgries) und kocht dies zusammen ein. Man gibt zu dem abgekühlten Brei zwei ganze Eier und Schnittlauch, formt kleine runde Kuchen, die in Ei und Brosamen getaucht und auf beiden Seiten in Butterschmalz braun gebraten werden.

Vanille soufflée

90 gr. Zucker, 90 gr. Mehl werden in einer Kasserole mit ½ Liter Milch und etwas fein gestossener Vanille glatt angerührt und auf dem Feuer zu einem dicken Mus gekocht. Hierauf kommen 30 gr. geschmolzene Butter, sechs Eigelb und ein ganzes Ei, sowie der Schnee der sechs Eiweiss zu obiger Masse, die in butterbestrichene Porzellanplatten gefüllt und darin gebacken werden. Die Speise wird nicht gestürzt, sondern auf dieser Platte serviert.

Johannisbeerkompott

Die Johannisbeeren, auch einige schwarze darunter, werden abgestielt und mit genügend Zucker und ganz wenig Wasser im eigenen Saft fertig gekocht; es muss aber recht saftig sein.

Samstag

Eierhaber – Gurkensalat – Heidelbeerkuchen
oder Aprikosencreme

Eierhaber

Man bäckt nacheinander schöne braune Pfannkuchen. Jedes Mal, wenn einer fertig ist, wird er mit dem Backschäufelchen in der Omelettepfanne zerstossen, noch etwas geröstet und auf eine warmgestellte Platte angerichtet, bis man mit dem Teig zu Ende ist.

Heidelbeerkuchen

Man macht von ½ Pfund Mehl, etwas Hefe und lauer Milch, einem Ei und einem reichlichen Stück Butter einen gut abgearbeiteten Hefenteig, lässt denselben ganz kurze Zeit an einer warmen Stelle des Herdes gehen, wellt ihn aus und belegt ein Kuchenblech gleichmässig damit. Hat der Teig im Ofen etwas angezogen, wird der Kuchen dick mit Beeren belegt, mit Zucker bestreut und wieder in den Ofen gestellt. Etwa ¼ Stunde, ehe er aus dem Ofen genommen wird, werden zwei Eier mit wenig Milch verklopft, gleichmässig über den Kuchen gegossen und derselbe fertig gebacken.

Aprikosencreme

Sechs Löffel Zucker, sechs Eigelb und 1 ½ Tassen süsser Rahm werden zu einer Creme gekocht. Ist diese kalt, kommt eine Tasse voll Aprikosenmarmelade, eine Stange in Wasser aufgelöste Pflanzengelatine und ¾ Liter geschlagener Rahm hinzu. Man füllt die Creme in eine mit Öl bestrichene Form und stellt sie aufs Eis.

Sonntag

Gemüseauflauf mit Sauce – Kartoffelpüree – Gemischter Salat – Schrotmehltorte

Gemüseauflauf

Die verschiedensten jungen Gemüse, welche der gegenwärtige Markt bietet, werden in Stückchen geschnitten und in Salzwasser weich gekocht. Inzwischen bereitet man eine Fülle aus vier Milchbrötchen (eingeweicht und ausgedrückt), 30 gr. zerlassene Butter, vier Eier, etwas Salz und Schnittlauch. Es kommen nun lagenweise in eine Form abwechselnd Gemüse, dann Fülle und so fort. Obenauf ist Fülle und ein butterbestrichenes Papier. Diese Speise wird ½ Stunde im Ofen gebacken und die abgegossene Gemüsebouillon als Sauce dazu serviert.

Kartoffelpüree

Rohe, geschälte Kartoffeln werden in wenig Salzwasser trocken eingekocht, möglichst trocken tüchtig mit der Reibekeule zerstossen und durch die Püreepresse gepresst. Das Püree wird mit Milch auf die richtige Dicke gebracht und ein Stück Butter hinzugerührt. Dasselbe wird um so besser, je fleissiger und schaumiger man es rührt. Man bringt es mit brauner Butter zu Tisch.

Gemischter Salat

Eine sehr hübsche Salatplatte lässt sich herrichten von

in Salzwasser abgekochtem, mit Öl, Zitrone und etwas Zwiebel angemachtem Blumenkohl und gekochten roten Rüben. Der Blumenkohl kommt in die Mitte der Platte, aussen herum wird kranzförmig der andere Salat garniert.

Schrotmehltorte

Man nehme für vier Personen 250 gr. Mehl, 170 gr. Zucker, drei ganze Eier und das Abgeriebene einer Zitrone. Der Zucker und die Eier werden ½ Stunde zusammengerührt, hierauf das andere beigegeben und die Masse in nicht zu heissem Ofen gebacken. Wenn nahezu erkaltet, wird die Torte gestürzt, in der Höhe durchgeschnitten und mit irgendeiner Konfitüre gefüllt.

Vierte Woche

Montag

Einbrennsuppe mit Kartoffeln – Petersilienkartoffeln – Gefüllte Eier – Salat

Einbrennsuppe mit Kartoffeln

Ein reichliches Stück Butter lässt man heiss werden, röstet darin vier Kochlöffel Mehl dunkelbraun, salzt und füllt mit Wasser auf Suppendicke nach. Die Suppe wird eine starke ½ Stunde gekocht und über gekochte fein geriebene Kartoffeln angerichtet.

Gefüllte Eier

Man rechnet für die Person höchstens zwei Eier; dieselben werden hart gesotten, in kaltes Wasser gelegt, geschält und halbiert. Die Dotter werden nun vorsichtig herausgenommen, verrührt, zwei rohe Eidotter beigefügt, ein Stückchen zerlassene Butter, gehackte Petersilie, Schnittlauch und Zitronensaft hineingerührt, mit dieser Masse die leeren Eiweiss sorgfältig gefüllt und mit Petersilie auf der Platte hübsch garniert.

Petersilienkartoffeln

In der Schale gekochte Kartoffeln werden von dieser befreit. In einer Eisenpfanne zerlässt man ein grosses Stück Butter, gibt reichlich fein gewiegte Petersilie hinzu, legt die ganzen Kartoffeln (man wählt am besten kleine, gleichmässige) darein und schüttelt sie öfters durch, damit sie gleichmässig von der Buttersauce durchzogen werden.

Dienstag

Mangoldstiele – Reis auf französische Art – Salat – Granolapudding mit Fruchtsaftsauce

Mangoldstiele

Wenn die Mangoldblätter gross gewachsen sind, werden die Stiele verwendet. Man streift das Grüne davon ab, kocht sie, in Stückchen geschnitten, in wenig Salzwasser weich und serviert sie in einer weissen Sauce, die mit Eigelb abgezogen wird.

Reis auf französische Art

Der Reis wird in reichlich Salzwasser rasch gekocht, dass die Körner ganz bleiben. Man schüttet den Reis auf ein Sieb, zerlässt ein Stück frische Butter, gibt den Reis dazu und schüttelt die Speise gut durch.

Granolapudding

Granola ist eine Getreideart, welche vom sanitarischen Institut in Basel (Weiherweg) in Paketen versandt wird. Vier Eier werden mit 100 gr. Zucker ¼ Stunde gerührt, acht Esslöffel Granola dazugegeben, sowie einen grossen Teller voll Heidelbeeren oder abgezupfter Johannisbeeren. Diese Masse wird in eine Form gefüllt und in ½ Stunde fertig gebacken. Man reicht den entsprechenden Fruchtsaft, mit Wasser verdünnt, dazu.

Mittwoch

Junge weisse Rüben mit Rahm – Linsenkoteletts – Ofenküchlein – eingemachtes Pflaumenkompott

Junge weisse Rüben mit Rahm

Zarte weisse Rübchen werden vom Kraut befreit, gewaschen und geschält. Man macht nun mit Butter, Mehl und ½ Liter süssem Rahm eine weisse Sauce, salzt nach

Bedürfnis, legt die in Salzwasser gekochten, ganzen Rübchen auf eine runde Platte, giesst die Sauce darüber und bringt das Gemüse auf den Tisch.

Linsenkoteletts

Man weicht die Linsen am Abend zuvor ein, kocht sie am anderen Tag mit etwas Salz weich und presst sie durch die Passiermaschine. Zu diesem Püree gibt man ein eingeweichtes, ausgedrücktes Weissbrötchen, gebratene Zwiebeln, drei Eier und hilft mit Semmelkrummen nach, damit der Teig die nötige Konsistenz bekommt. Man formt runde Kuchen, die in Ei umgedreht und in Butterschmalz schön braun gebraten werden.

Ofenküchlein

½ Liter Milch, ein grosses Stück Butter, etwas Vanillezucker und 7 bis 8 Esslöffel voll Mehl werden auf dem Feuer glatt und so lange stark gerührt, bis sich der Teig von der Pfanne los schält. Man gibt zu demselben sechs ganze Eier und 50 gr. Zucker, setzt mit einem Löffel Häufchen auf das bestrichene Blech, bestreicht sie mit geschlagenem Ei und bäckt sie im Ofen dunkelgelb. Wenn sie erkaltet sind, schneidet man von jedem ein Deckelchen ab, füllt ein Löffelchen voll Konfitüre hinein, deckt sie wieder zu und ordnet sie auf eine Platte.

Pflaumenkompott

Die Pflaumen werden gewaschen, entsteint (einige Kerne lässt man mitkochen) und mit wenig Wasser und reichlich Zucker, da sie sehr viel Säure enthalten, geschmort.

Donnerstag

Blumenkohlsuppe – Neuseeländer-Spinat mit Sauerampfer – Erbsenpüree – Pyrmonter Pudding – Anisbrot

Blumenkohlsuppe

Man macht eine weisse Suppe (siehe 2. Woche, Mittwoch), legiert sie mit Ei, gibt in Salzwasser gekochten, in kleine Röschen zerlegten Blumenkohl und in Butter gebratene Brotwürfelchen hinzu.

Neuseeländer-Spinat

Diese Sorte ist die zum Anpflanzen für den Sommer geeignetste, da sie nicht so rasch in die Höhe geht. Man nimmt zu dem Gemüse zwei Teile Spinat und einen Teil Sauerampferblätter und verfährt damit, wie bereits bei Mangold beschrieben (siehe Anhang).

Pyrmonter Pudding

Nachdem man fünf Eidotter und ½ Pfund Zucker ½ Stunde dick gerührt hat, würzt man die Masse mit etwas geriebener Zitronenschale und dem Saft der Zitrone, rührt eine Stange in Wasser aufgelöste Pflanzengelatine und ½ Liter alkoholfreien Weisswein hinzu. Der

Pudding wird langsam gerührt, bis er anfängt, rundlich zu werden, dann fügt man den steifen Schnee der Eier hinzu und lässt den Pudding in einer Glasschale steif werden. Er wird ohne Sauce serviert.

Anisbrot

Vier Eier und 200 gr. Zucker rührt man zusammen ½ Stunde, gibt 200 bis 250 gr. Mehl und einen Esslöffel voll Anis hinzu, füllt den Teig in eine mit Butter bestrichene Form und bäckt die Anisbrote in gelindem Ofen. Erkaltet, werden sie mit einem guten Messer in gleiche Schnitten geschnitten, auf ein Blech gelegt, in einen kühlen Ofen gebracht und getrocknet.

Freitag

Weisskohl in Sauce – Aufgezogene Maccaronis – Salat – Mandeltorte

Weisskohl in Sauce

Feste junge Kohlköpfe werden von den Blättern befreit und eine Stunde in kaltes Wasser gelegt – der Schnecken oder Raupen wegen. Die kleineren Köpfe werden ganz gelassen, die grösseren halbiert. Sie werden in Salzwasser weich gekocht und in einer weissen Sauce zu Tisch gebracht.

Aufgezogene Maccaronis

Man kocht Maccaronis, in Stücke gebrochen, in Salzwasser weich, schüttet sie zum Abtropfen auf ein Sieb, rührt sie mit einem Stück frischer Butter durch, gibt diese lagenweise mit geriebenem Käse in die Form, giesst ½ Liter süssen Rahm darüber, streut Semmelkrummen und legt ein butterbestrichenes Papier obenauf und zieht die Speise im Ofen auf.

Mandeltorte

¾ Pfund Zucker, sechs ganze Eier und sechs Eigelb werden ½ Stunde zusammen gerührt, das Abgeriebene einer Zitrone, ¾ Pfund Mandeln und der Schnee von sechs Eiweiss dazu gegeben. Die Torte wird in einer Springform eine Stunde lang gebacken.

Samstag

Gelbe Rüben mit Brockspargeln – Eier auf Semmeln – Sträubchen – Reineclaudenkompott

Gelbe Rüben mit Brockspargeln

Ein Bund Brockspargeln wird geputzt, in kleine Stücke geschnitten und in Salzwasser weich gekocht. Genau so verfährt man mit der doppelten Quantität junger Karotten. Man macht von Butter, Mehl, Petersilie und der Gemüsebrühe eine ganz dünne Sauce, in der die beiden Gemüse noch kurze Zeit gedünstet werden.

Eier auf Semmeln

Von vier Milchbroten wird die Rinde abgeschnitten, ein flaches Blech dick mit Butter bestrichen, die in Scheiben geschnittenen Brötchen darauf gelegt, mit ¼ Liter süssem Rahm übergossen, einige Vertiefungen gemacht und frische Eier hinein geschlagen. Man stellt die Speise ¼ Stunde vor Gebrauch in den Ofen und gibt sie, wenn die Eier noch etwas weich sind, zu Tisch.

Sträubchen

Von 10 Esslöffeln Mehl, ½ Liter Milch, drei Eiern und etwas Salz wird ein dicker Omeletteteig gemacht. Von diesem löffelweise in einen Trichter füllen, die Masse schneckenförmig in heisses Fett laufen lassen und in diesem dunkelbraun gebacken. Man hebt die Kuchen vorsichtig heraus und serviert sie mit Zucker bestreut.

Reineclaudenkompott

Reineclauden ist eine königliche Pflaumensorte. Das Rezept ist somit dem Pflaumenkompott (siehe Anhang) ähnlich, ausser dass es weniger Zucker bedarf, da sie von Natur aus süsser im Geschmack sind.

Sonntag

Gemüse von Salatköpfen – Kräftige Sauce – Koteletten von Buchweizengrütze – Vol au vent mit Erdbeeren

Gemüse von Salatköpfen

Recht feste, zarte Salathäuptchen werden von den schlechten und äussersten Blättern befreit, gut gewaschen und in Salzwasser nicht ganz weich gekocht. Man legt sie auf ein Sieb, formt jedes oval und setzt dieselben nebeneinander in eine Pfanne, in der sie mit Butter und etwas Pflanzenbrühe gedünstet werden. Man richtet das Gemüse an und reicht dazu nachstehende Sauce:

Kräftige Sauce

Man zerlässt ein Stück Butter, bräunt darin zwei Löffel Mehl, gibt zwei Löffel voll Kapern, fein gewiegte Kräuter und Zwiebeln hinzu, säuert mit 1 bis 2 Zitronen und nimmt noch soviel Gemüsebrühe, um der Sauce die richtige Dicke zu geben.

Koteletts von Buchweizengrütze

Dieselben werden genau wie Grünkern-Koteletts bereitet. Also: Buchweizengrütze (eine grosse Tasse voll) wird in siedendes Salzwasser eingestreut und darin weich und zu einem sehr steifen Brei gekocht. Wenn nahezu erkaltet, schlägt man 2 bis 4 Eier dazu, gibt gewiegte Küchenkräuter hinzu, und formt kleine hohe runde Kuchen davon, welche in Ei und Brosamen getaucht, in Butterschmalz schön braun gebraten werden.

Vol au vent mit Erdbeeren

Man lässt sich am einfachsten die Pastete beim Bäcker machen. Man füllt sie folgendermassen: Es werden lagenweise Erdbeeren und Zucker in die Pastete gebracht, etwas süsser Rahm darüber gegossen, das Ganze mit dem Schnee von fünf Eiweiss bedeckt, obendrauf grobgestossener Zucker gestreut. Man lässt den Eierschnee im Ofen Farbe aufnehmen und bringt die Pastete erst nach völligem Erkalten auf den Tisch.

Fünfte Woche

Montag

Bayrisches Kraut – Kartoffelpüree-Auflauf
– Gemischter Salat – Linzertorte

Bayrisches Kraut

Das Weisskraut wird fein eingehobelt. Dasselbe wird in Butterschmalz und etwas Zwiebel weich gedämpft. Nun röstet man einen Kochlöffel voll Mehl in etwas Butter braun, gibt dies an das Kraut, nebst Zitronensaft, Salz und einem Glas alkoholfreien Rotwein, dünstet noch eine Viertelstunde und serviert.

Kartoffelpüree-Auflauf

Man siedet 12 grosse Kartoffeln, schneidet sie in feine Scheiben, bestreicht eine Form gut mit Butter, belegt den Boden schuppenartig mit Kartoffeln und stellt dies zur Seite. In die Mitte wird gutes Kartoffelpüree gefüllt, die Form oben wieder mit Kartoffelscheiben belegt, vier

Esslöffel zerlassene Butter darüber gegossen, und die Speise im Ofen hellgelb gebacken. Man stürzt sie, ehe man sie zu Tisch gibt.

Gemischter Salat

In die Mitte der runden Platte kommen in Scheibchen geschnittene, mit Salz bestreute und durchzogene Radieschen; hierauf folgt ein Kränzchen, ebenfalls in Scheiben geschnittener, zuvor gekochter und mit Zwiebel, Öl, Salz und Zitrone angemachter Karotten, aussen herum eine Garnitur Kressesalat.

Linzertorte

¼ Pfund geriebene Mandeln, ½ Pfund Butter, ½ Pfund Zucker, ½ Pfund Mehl, das Abgeriebene einer Zitrone und zwei Eier knetet man tüchtig untereinander und lässt es eine ½ Stunde ruhen. Der fingerdick ausgewellte Boden kommt in eine bebutterte Form; derselbe wird mit Johannisbeerkonfitüre bestrichen. Nach Belieben kann man noch solch einen Boden mit Eingemachtem darauf tun. Es werden gitterartig gewellte Teigstreifen darüber und eine dicke Rolle um den Kuchen gelegt. Das Ganze wird mit Eigelb bestrichen und braun gebacken.

Dienstag

Ribelssuppe schwäbisch – Tomatensalat mit Ei
– Gefüllte Äpfel – Vanillebrötchen

Ribelssuppe

Man zerklopft drei ganze Eier, mengt etwas Salz und soviel Mehl hinzu, dass es ein fester Teig wird, den man auswellen kann. Dieser wird auf ein Brett genommen, mit einem Wiegmesser gewiegt und die feinen Ribeln durch ein Sieb gesiebt. Man bereitet eine kräftige Pflanzenbrühe, streut die Teigkrümmelchen in dieselbe, lässt die Suppe ein paar Mal aufkochen und stellt sie zum Gebrauch auf die Seite.

Tomatensalat mit Ei garniert

Reife, frische Tomaten werden gewaschen, in Scheiben geschnitten und mit Zwiebel, Salz, Schnittlauch, Öl und Zitrone angemacht. Man siedet einige Eier hart, teilt jedes in vier Teile und garniert damit den Salat.

Gefüllte Äpfel

Mittelgrosse, saure Jakobiäpfel werden geschält, vorsichtig ausgehöhlt und in Zuckerwasser weich gekocht, doch dürfen dieselben nicht zerfallen. Man hebt sie mit einem Esslöffel auf die Platte, füllt die Vertiefung mit eingemachten Früchten und serviert die allgemein beliebte Schüssel.

Vanillebrötchen

½ Pfund Zucker wird mit vier ganzen Eiern ½ Stunde gerührt, ein Kaffeelöffel voll Vanille hinzugefügt, zuletzt ½ Pfund Mehl hineingearbeitet. Man setzt mit einem Löffel kleine Häufchen auf ein gutbestrichenes Blech. Die

Brötchen sollen nicht breit zerfliessen, sondern einen festen Boden bekommen, doch darf der Ofen ja nicht zu heiss werden.

Herbstrezepte

Erste Woche

Montag

Blumenkohl mit Pilzen – Reis im Ofen – Apfelspeise – Fruchtsaftsauce

Blumenkohl mit Pilzen
Der Blumenkohl wird in Salzwasser abgekocht und warm gehalten. Die Pilze werden nach dem Rezept «Eierpilze» zubereitet, nur eine flüssige Sauce daran gemacht. Der Kohl wird in der Plattenmitte angerichtet, das Pilzgemüse kranzförmig darum garniert.

Reis im Ofen
In eine Form gibt man ½ Pfund Reis, füllt einen Liter halb Milch, halb Wasser darüber, gibt etwas Salz hinzu und einige Butterstückchen, schiebt die Form in den Ofen und bäckt eine Stunde. Der Reis wird in der Form serviert.

Apfelspeise

Gute säuerliche Äpfel werden geschält und mit Wasser, Zucker und Zitronenschale weich gekocht. Sie dürfen zuletzt nur wenig Brühe haben. Man setzt sie hierauf dicht nebeneinander auf die Stielseite in eine Form. Nun kocht man süsse Makronen in Milch weich und breiig, giesst dies heiss über die Äpfel, bestreut die Speise mit Zucker und stellt sie in einen mässig erhitzten Ofen. Nach ½ Stunde muss alles gut durchzogen und hinreichend gebacken sein. Man rechnet auf 4 bis 5 Personen circa 12 Äpfel, 200 gr. Makronen, ½ Liter Milch, 120 gr. Zucker.

Dienstag

Wirsing – Eierschnitten – Salat
– Heidelbeernocken (Tyroler Rezept) – Sultaninenbrot

Eierschnitten

Sechs Esslöffel voll Mehl, vier Eier, Salz und Milch werden zu einem dickflüssigen Omeletteteig angerührt, in diesem werden die Schnitten von Milchbrötchen gewendet und dann in Butterschmalz braun gebacken.

Heidelbeernocken

Man nimmt 2 bis 3 Liter Heidelbeeren in eine Schüssel, schlägt zwei Eier daran und gibt ½ Pfund Mehl dazu. Dies alles rührt man zu einem Teig in der Dicke eines Spatzenteigs und legt davon einen Esslöffel voll um den anderen in eine flache Eisenpfanne, worin man Butterschmalz hat heiss werden lassen. Nun bäckt man die Nocken auf beiden Seiten gar und lichtgelb und lässt sie dann zugedeckt noch 10 Minuten weiter dünsten, worauf man sie in eine Platte schichtet und jede Lage mit Zucker bestreut. Besser sind sie warm, sie können jedoch auch kalt gegessen werden.

Sultaninenbrot

200 gr. Butter wird schaumig gerührt, ebenso viel Zucker, drei zerquierlte Eigelb, drei zu Schnee geschlagene Eiweiss, eine kleine Tasse Milch, 200 gr. Sultaninen, etwas fein gewiegte Zitronenschale. ¾ Pfund Mehl und einen Kaffeelöffel voll Natron oder Backpulver nach und nach dazu geben, tüchtig miteinander verarbeiten, in eine butterbestrichene Kapselform füllen und eine Stunde backen.

Mittwoch

Brotsuppe – Zwetschgenklösse – Kompott

Brotsuppe

Brotresten werden über Nacht eingeweicht, am anderen Tag nebst dem Einweichwasser noch Salz, einige Karotten, Kartoffeln und einen Sellerie auf den Herd gebracht und in circa drei Stunden zu einer sämigen Suppe gekocht, welche mit Eigelb und saurem Rahm legiert werden kann, wodurch ihr Wohlgeschmack erhöht wird.

Zwetschgenklösse

Frisch gesottene Kartoffeln werden fein zerdrückt, ungefähr der vierte Teil grobes Griesmehl darunter gemischt, 1 bis 3 Eier und etwas Salz hinzugetan, so dass ein fester Teig daraus wird, den man leicht auswellt. Gedörrte, gekochte Zwetschgen (man kann auch frische nehmen) werden ausgesteint, je zwei zusammen gedrückt und in ein Stückchen von obigem Teig eingewickelt, worauf man dies zu einem runden Klos mit der Hand formt. Wenn alle geformt sind, gibt man sie in kochendes Salzwasser, lässt sie fünf Minuten kochen und nimmt sie heraus, nachdem man zuerst einen probiert hat, ob sie gar sind. Zuletzt werden die Klösse mit in Butter gerösteten Brosamen bestreut.

Donnerstag

Pastinaken – Kastanienpüree – Salat
– Zwetschgenkuchen

Pastinaken

Die Pastinaken werden wie die Schwarzwurzeln sauber geputzt und in Milchwasser gelegt. Hierauf kocht man sie in Salzwasser weich und legt sie in eine Sauce, welche aus Butter, Mehl und Milch, sowie der Gemüsebrühe hergestellt worden ist.

Kastanienpüree

Von frischen Kastanien wird unten ein Endchen weggeschnitten, damit sie sich besser schälen lassen, dieselben in Wasser beinahe weich gekocht und möglichst warm geschält. Man bringt sie nun durch die Püreepresse, verdünnt den Brei mit Milch zur richtigen Konsistenz, salzt ein wenig und serviert ihn mit brauner Butter.

Zwetschgenkuchen

Man legt ein Kuchenblech mit einem beliebgen Hefe- oder Butterteig aus. Diesen Teigboden belegt man dicht mit recht reifen, ausgesteinten Zwetschgen, streut Zucker und geriebenes Schwarzbrot über die Früchte und bäckt den Kuchen in einem guten Ofen recht saftig. An kann auch noch kleine Butterstückchen auf den Kuchen legen.

Andere Art des Zwetschgenkuchens

Man verfährt mit dem Teig wie oben. Ehe man die Zwetschgen auf den Kuchen bringt, streicht man eine Mischung darauf von ¼ Pfund fein gestossenem Zwieback, den man mit 100 gr. Zucker und 50 gr. zerlassener Butter vermengt. Alsdann legt man die Zwetschgen dicht darüber und bäckt den Kuchen.

Freitag

Tomaten mit Rührei – Neue Kartoffeln – Salat
– Schokoladenpudding mit Soyers-Sauce

Tomaten mit Rührei

Die Tomaten werden als Gemüse zubereitet. Nebenbei wird von vier Eiern, etwas Milch und Salz ein Rührei in Butter fertig gemacht und dasselbe auf dem Tomatengemüse serviert.

Schokoladenpudding

(für 4 bis 5 Personen) Es werden 50 gr. Mehl mit ¼ Liter Milch glatt angerührt. 125 gr. geriebene Schokolade, 100 gr. Butter und 80 gr. Zucker dazu gegeben, diese Masse unter beständigem Rühren aufgekocht und in eine Schüssel zum Abkühlen gebracht. Ist dies geschehen, fügt man sechs Eigelb hinzu und mischt zuletzt den steifen Schnee der sechs Eiweiss darunter. Der Pudding wird in eine gutbestrichene Form gefüllt und ½ Stunde gekocht.

Soyer-Sauce

½ Liter Milch, 40 gr. Butter, sechs Esslöffel Zucker, das Abgeriebene einer Zitrone werden zusammen aufgekocht. Ein Kochlöffelchen voll Mehl wird mit etwas lauer Milch und zwei Eigelb abgerührt, an die Sauce gegeben, diese nochmals steigen lassen und in die Sauciere füllen.

Samstag

Kohlrabi – Krautkoteletts – Feldsalat
– Heidelbeerpfannkuchen

Kohlrabi (Kohlraben)

Sind die Kohlrabi jung, so können Knollen und Blätter verwendet werden. Die Knollen werden geschält und in Salzwasser weich gekocht; von den zarten Blättern wird ein Gemüse genau wie Mangold bereitet; dies hält man warm. Einstweilen blättelt man die Kohlrabi in Rädchen auf, schwenkt sie in Butter, stäubt ein Löffelchen Mehl darüber, giesst von dem Gemüsesud nach, um die Sauce seimig (veraltet für «dickflüssig») zu machen. Nun richtet man dies in der Plattenmitte an und garniert das Grüngemüse kranzförmig herum.

Bei älteren Kohlraben kann man nur die Knollen verwenden, die man wie oben behandelt.

Krautkoteletts

Festes Weisskraut wird von den äusseren Blättern befreit, in Salzwasser weich gekocht, auf ein Sieb zum Abtropfen gebracht und fein gewiegt. Zu dem Gewiegten gibt man geröstete Semmelbrösel und zwei Eier, arbeitet alles gut durch, formt runde Küchlein, die in Ei und Brosamen gekehrt und in Butter gebraten werden. Wenn die Masse nicht gut zusammenhalten will, helfe man sich durch Beimischen eines in Milchwasser eingeweichten, fest ausgedrückten Weissbrötchens.

Heidelbeerpfannkuchen

Man macht einen einfachen Pfannkuchenteig von 10 Esslöffel Mehl, etwas Salz, lauer Milch und zwei Eiern. In den Teig gibt man einen grossen Teller voll Heidelbeeren und bäckt von dieser Masse in einer Eisenpfanne in Butter nicht zu dicke Pfannkuchen, die mit Zucker bestreut zu Tisch gebracht werden.

Sonntag

Karotten – Polentapastetchen – Tomatensalat – Erdbeercreme – Teebrötchen

Polentapastetchen

Ein Pfund Maismehl oder Maisgries wird unter beständigem Rühren in zwei Liter stark siedendes, gesalzenes Wasser geschüttet und dasselbe auf gutem Feuer, unter fortgesetztem Rühren zur Polenta fertig gekocht. Sie muss so fest sein, dass der Löffel stecken bleibt. Nun schüttet man es auf ein Brett, lässt es auskühlen, formt mit der Hand kleine Klösse daraus, die man breit drückt, so dass sie gut fingerdick sind. Die Hälfte dieser Pastetchen bestreicht man mit einer Fülle von in Butter gedämpften, gewiegten Pilzen und drückt immer ein leeres Plättchen darauf. Die so geformten Pastetchen bäckt man in heisser Butter schön braun. Auch ungefüllt sind sie zu Gemüse, Salat oder Kompott eine gute Speise.

Erdbeercreme

Sechs Eigelb werden mit 200 gr. Zucker ½ Stunde schaumig gerührt, ein Liter durch ein Sieb passierte Erdbeeren, ½ Liter Schlagrahm, der Schnee der sechs Eiweiss und eine in wenig Wasser aufgelöste Stange Agar-Agar (Gelatine) darunter gemischt. Die Form wird mit Öl bestrichen und die Creme wird zum Gebrauch auf Eis gestellt (gekühlt). Man stürzt sie und verziert sie mit Erdbeeren.

Seebrötchen

½ Pfund Butter wird leicht gerührt, vier ganze und das Gelbe von zwei Eiern, schwach ein Pfund Zucker und stark 1,75 Pfund Mehl, sowie zwei Messerspitzen voll Natron nach und nach beigefügen und alles zusammen mit der Hand gut verarbeiten, auf ein Brett herausgehoben und tüchtig gewirkt (geknetet). Hierauf legt man den Teig in eine Schüssel und lässt ihn, an kühlem Ort zugedeckt, einige Zeit ruhen, wellt ihn dann aus, sticht die Brötchen aus und legt sie über Nacht auf ein mehlbestreutes Holzbrett; ehe sie gebacken werden, kommen sie aufs Blech und werden mit Eigelb bestrichen.

Zweite Woche

Montag

Hafersuppe mit frischen Zwetschgen – Linsen mit Salat – Salzgurken einmachen

Hafersuppe mit frischen Zwetschgen

Für Hafersuppe eignet sich ganz besonders gut die sogenannte schottische Hafergrütze. Von dieser Hafergrütze nimmt man eine Tasse voll, röstet sie in Butter leicht an und füllt mit Wasser auf. Die Suppe soll aber nie dünn sein, sonst ist sie wertlos und der Verdauung eher hinderlich. ½ Stunde vor dem Essen gibt man einen grossen Teller voll frischer ausgesteinter Zwetschgen in die Suppe und lässt die Früchte noch ordentlich mitkochen, damit diese recht durchzogen wird.

Linsen

Dieselben werden sorgfältig verlesen, gewaschen und über Nacht in kaltem Wasser eingeweicht. Anderntags kocht man sie im Dampftopf weich, gibt in Butter gebräuntes Mehl und etwas fein gewiegte Zwiebel hinzu, füllt mit Brühe nach Bedarf nach, säuert die Linsen mit 1 bis 2 Zitronen, lässt sie noch kurz einkochen und gibt sie zu Tisch. Einige Rädchen von Salzgurken darunter geschnitten, macht die Speise noch pikanter.

Salzgurken einmachen

Die Gurken werden gewaschen und oben und unten ein wenig abgeschnitten. Ein Steintopf wird mit Reblaub ausgefüttert, die Gurken schichtenweise hinein gelegt mit Meerrettich, Dill und Lorbeerblättern. Nun kocht man Salzwasser und lässt es erkalten. Man rechnet auf einen Liter Wasser eine Handvoll Salz, manche fügen, um die Gurken sicherer haltbar zu machen, ½ Glas Weinessig hinzu. Diese Flüssigkeit wird über die Gurken gegossen, dieselben mit Reblaub zugedeckt, der Topf mit einem Holzbrettchen geschlossen und mit sauberen Steinen gut beschwert. Die Gurken können erstmals nach vier Wochen gebraucht werden.

Dienstag

Rotkraut – Weisse Böhnchen – Salat
– Pfälzer Erdäpfelnudeln – Kompott von Heidelbeeren

Pfälzer Erdäpfelnudeln

Man reibt einen Teller voll gekochte, kalte Kartoffeln und salzt sie etwas. Nebenbei hält man einen Teller voll mürber, in kleine feine Blättchen geschnittene Äpfel oder Birnen bereit, mischt sie unter die Kartoffeln, schlägt zwei Eier daran und gibt so viel Mehl hinzu, dass man einen schönen glatten Teig daraus kneten kann. Von diesem formt man fingerlange, zwei Finger breite Stückchen, drückt sie breit und brät sie in einer flachen Pfanne in heisser Butter auf beiden Seiten hellbraun. Man kann sie vor dem Anrichten mit Zucker bestreuen.

Kompott von Heidelbeeren (Schweizerisch: Beeristurm)

Heidelbeeren werden in wenig Wasser mit Zucker saftig gekocht. Man brät in Butter Weissbrotwürfelchen und gibt diese kurz vor dem Essen in das Heidelbeerkompott.

Mittwoch

Salatgemüse – einfache Makkaroni mit saurem Rahm
– Kompott – Haselnusscreme

Makkaroni mit Rahm

Man gibt die Makkaronis in siedendes Salzwasser und lässt sie darin weich kochen, hebt sie dann auf ein Sieb heraus und überspült sie mit heissem Wasser. Indes lässt man ein Stück Butter in einem Tiegel heiss werden, gibt die Makkaroni hinein und schmort sie 10 Minuten lang unter fleissigem Wenden; dann schüttet man eine Obertasse guten sauren Rahm daran und lässt denselben fast ganz eindünsten, bevor man anrichtet.

Haselnusscreme

Drei Eier werden mit 120 gr. Zucker schaumig geschlagen, 15 gr. Stärkemehl, ½ Liter Rahm beigemengt, aufs Feuer genommen und unter beständigem Schlagen auf die Hälfte einkochen lassen. 100 gr. geröstete, fein geriebene Haselnüsse einmengen, nochmals aufs Feuer nehmen, bis es anfängt, dick zu werden.

Donnerstag

Kartoffelgemüse – Buchweizenkoteletts – Salat – Zwetschgenspeise

Kartoffelgemüse

Man macht von Butter, Mehl und Pflanzenbrühe unter Hinzutun einer ziemlichen Menge gehackter Petersilie eine weisse Sauce. Nun werden in diese in Rädchen geschnittene rohe Kartoffeln gelegt und man kocht dieses

Gemüse so lange, bis die Kartoffeln vollständig weich sind.

Buchweizenkoteletts

Eine grosse Tasse voll Buchweizengrütze wird in heisses, gesalzenes Wasser eingerührt und zu einem steifen Brei gekocht. Ist dieser erkaltet (man streicht ihn am besten auf ein Brett), werden Schnitten abgeschnitten, in Ei getaucht und in Butterschmalz auf beiden Seiten schön braun gebraten.

Zwetschgenspeise

Man richtet sich eine mit Butter ausgestrichene Form her. In einem Teller hält man geriebenen Zwieback bereit, in einem anderen gestossenen Zucker. Dazu eine Schüssel voll ausgesteinter frischer Zwetschgen. Nun wird der Boden der Form dicht mit Zwetschgen belegt, Zwieback und Zucker darüber gestreut, Butterstückchen obendrauf gelegt, dann wieder mit Zwetschgen belegen u.s.w. – bis die Form voll ist. Man deckt mit Zwetschgen, Zucker und Butter zu und bäckt die Speise in einem guten Ofen weich und saftig.

Freitag

Blumenkohl – Erbsenpüree – Gurkensalat – Brotspeise mit Kompott – Brombeeren einmachen

Erbsenpüree

Wenn Erbsenpüree zu Blumenkohl serviert wird, darf er nicht dicker als eine recht dicke Erbsensuppe hergestellt werden und soll beim Blumenkohl die Sauce ersetzen.

Brotspeise

½ Pfund fein geriebenes Grahambrot nebst 100 gr. fein geriebener Mandeln werden mit ½ Liter heisser Milch übergossen und zum Abkühlen eine halbe Stunde hingestellt. Hiernach wird es mit 80 gr. geschmolzener Butter, vier gut gequirlten Eiern und 100 gr. gestossenem Zucker durchgerührt, in die mit Butter bestrichene Form gefüllt und im Ofen 20 bis 30 Minuten gebacken. Man gibt Milch oder Fruchtsauce oder Kompott dazu.

Brombeeren einmachen

Die Brombeeren werden lagenweise mit Zucker (auf ein Pfund Beeren rechnet man ½ Pfund Zucker) auf eine Platte gelegt. Über Nacht lässt man sie Saft ziehen, am anderen Tag kommen sie aufs Feuer, werden langsam erwärmt, abgeschäumt und 20 bis 30 Minuten eingekocht. Man füllt es heiss in die Gläser und bindet Pergamentpapier darüber.

Samstag

Birnengemüse – Kartoffelstückchen – Bohnensalat – Schokoladen-Griespudding – Caramelsauce

Birnengemüse

Man nimmt ein Stück Butter, brennt darin 100 gr. Zucker, rührt zwei Kochlöffel voll Mehl hinein und füllt mit Wasser auf zu einer dünnen, seimigen Sauce. In dieser werden ein Kilo Kochbirnen, welche in Viertel geschnitten sind, mit der Schale weich gekocht.

Kartoffelstückchen

Rohe Kartoffeln werden in Viereckchen geschnitten, abgetrocknet, in heisse Butter geworfen und in dieser unter vorsichtigem Schütteln gebraten. Sie sollen hellbraune Krusten haben. Man salzt die Kartoffeln nach Bedürfnis.

Schokoladen-Griespudding

Ein Liter Milch wird mit 50 gr. Zucker und 100 gr. Schokolade aufgekocht, ½ Pfund grober Marseiller Gries eingesät und dies zusammen zu einem Brei gekocht, den man abkühlen lässt. Man schlägt alsdann 4 bis 5 Eigelb daran, gibt den Schnee der fünf Eiweiss hinzu, füllt den Pudding in eine Form und siedet ihn eine Stunde im Wasserbad.

Sonntag

Spinat mit Rahm – Brotklösse – Salat
– Reis à la Tautmannsdorf

Spinat mit Rahm

Der Spinat wird geputzt, in Salzwasser weich gekocht und sehr fein gewiegt. In eine Pfanne gibt man ein Stück Butter, dämpft ein kleines Zwiebelchen und ein Kochlöffel voll Mehl darin lichtgelb, fügt den gewiegten Spinat hinzu und verdünnt denselben mit süssem Rahm zur nötigen Dicke.

Brotklösse

Diese werden recht geschmackvoll, wenn man eine Hälfte weisses und eine Hälfte Grahambrot dazu nimmt. Das Brot wird mit dem Wiegenmesser gewiegt, in Butter gedämpfte Kräuter und Zwiebel, Salz, sowie 2 bis 3 Eier hinzugegeben, wenn nötig noch geriebenes Brot beigefügt. Man formt mit der Hand runde Klösse, welche in Salzwasser 10 Minuten gesotten und mit brauner Butter übergossen werden.

Reis à la Trautmannsdorf

Eine Tasse Reis wird gut gewaschen, dann setzt man ihn mit einem Liter kaltem Wasser, 4 bis 5 Esslöffel Zucker und etwas Zitronenschale aufs Feuer und lasse ihn langsam kochen. Wenn der Reis weich ist, gibt man ihn in eine Schüssel, lässt ihn erkalten, nimmt Zitronenschale heraus, rührt ½ Liter steif geschlagenen Rahm darunter, gibt den Reis in eine mit Olivenöl bestrichene Form und zwar lagenweise, abwechselnd mit Aprikosen- oder Pfirsichmarmelade.

Zuletzt schliesst man mit Reis. Man stellt nun die Form aufs Eis (kühl stellen) und wenn die Speise fest ist, stürzt man sie und gibt sie sogleich auf den Tisch.

Dritte Woche

Montag

Kartoffelgemüse in brauner Sauce – Spätzle – Salat – Kastanienpudding mit Erdbeersauce

Kartoffelgemüse in brauner Sauce

Es werden nach Bedarf Kartoffeln in der Schale gesotten, geschält und in Rädchen geschnitten. In einem Tiegel zerlässt man ein Stück Butter, bräunt darin vier Kochlöffel voll Mehl und giesst Pflanzenbrühe hinzu, bis die Sauce die nötige Dicke hat. Nun legt man die Kartoffeln in diese Tunke, lässt sie noch eine ½ Stunde langsam kochen und säuert dieselbe mit 2 bis 3 Zitronen. Salz nach Bedürfnis.

Kastanienpudding

Sechs Eigelb werden mit ½ Pfund Zucker, ½ Stunde gerührt, in diese Masse gibt man etwas Vanille, 1 ½ Pfund gekochte, geriebene Kastanien, zuletzt den Schnee der sechs Eiweiss. Man füllt den Pudding in eine mit Butter gut bestrichene, mit Gries ausgestreute Form und siedet ihn im Wasserbad eine starke Stunde.

Erdbeersaft (zum Aufbewahren für Saucen)
Auf ½ Liter Beeren rechnet man 240 gr. Zucker. Man vermengt beides zusammen, stellt es 24 bis 36 Stunden auf die Seite, giesst den Saft durch ein Tuch ab und füllt ihn in vorher gewärmte Flaschen.

Dienstag

Gerstensuppe mit Bohnen – Rosenkohl
– Haferkoteletts – Salat

Gerstensuppe mit Bohnen
Für sechs Personen rechnet man ¾ Pfund Almergerste (grobe). Dieselbe wird mit kaltem Wasser, einem eigrossen Stück Butter und dem nötigen Salz zum Feuer gebracht; gleichzeitig fügt man circa ½ Liter ausgekernte frische Bohnen hinzu, wozu sich die roten oder scheckigen noch besser eignen als die weissen. Dies alles lässt man langsam und gleichmässig kochen, bis Gerste und Bohnen gut weich sind. Man muss durch Nachgiessen von Wasser am Anfang sorgen, dass man das nötige Quantum Suppe bekommt und durch öfteres Rühren, dass das Gericht nicht anbrennt.

Haferkoteletts
Eine Tasse Haferflocken wird in einem Liter gesalzenem Wasser, eventuell auch halb Milch, halb Wasser, zu einem steifen Brei gekocht, den man etwas abkühlen lässt. Nun schlägt man zwei Eier hinzu, verrührt das Ganze tüchtig,

formt daraus runde Kuchen, welche in Ei und Brosamen getaucht, in Butterschmalz auf beiden Seiten schön hellbraun gebacken werden.

Mittwoch

Grüne Bohnen in Rahmsauce – Gefüllte Kartoffeln – Salat – Himbeerberg

Grüne Bohnen in Rahmsauce

Die Bohnen werden geputzt, geschnitzt und in Salzwasser beinahe weich gekocht. In einem Stück frischer Butter werden sie sodann fertig gedämpft, ein Kochlöffel voll Mehl darüber gestäubt, ½ Liter süsser Rahm hinzugegossen, noch kurze Zeit gekocht und angerichtet.

Gefüllte Kartoffeln

Man behandelt dieselben genau, wie in dem Rezept «Gefüllte Zwiebeln» angegeben.

Himbeerschaum

3 bis 4 Esslöffel eingemachte oder frische Himbeeren werden mit ebenso viel Zucker zerdrückt, der ganz steife Schnee von sechs Eiweiss löffelweise dazu gerührt, bis er so steif ist, dass der Löffel stecken bleibt. Etwas Zitronensaft verfeinert den Geschmack.

Andere Art: 8 Eiweiss zu steifem Schnee schlagen, ¼ Pfund Himbeermark und 1 Achtel Pfund Zucker leicht darunter mengen, eine passende Platte mit Butter bestreichen, die Masse bergartig darauf, das Ganze eine halbe Stunde in einen schwach heizenden Ofen stellen und es nach einer halben Stunde zu Tisch bringen.

Donnerstag

Gefülltes Kraut mit Sauce – Gemischter Salat
– Apfelstrudel

Gefülltes Kraut

Von schönem, festem Kraut werden die erforderlichen Blätter (weder die äussersten, noch die kleinsten innern) an den Rippen etwas dünner geschnitten, in einer Schüssel liegend mit heissem Wasser übergossen, dann auf ein grosses Blech angerichtet.
Zur Fülle dämpft man Zwiebel und Petersilie in Butter, gibt vier in Wasser geweichte, fest ausgedrückte Milchbrote dazu, etwas Salz, ein Pfund gekochte, geriebene Kastanien und 4 bis 5 ganze Eier.
Das Auflaufblech wird gut mit Butter bestrichen und der Boden mit Blättern belegt. Darüber kommt die erste Hälfte der Fülle, hierauf Blätter, auf diese die zweite Hälfte der Fülle und diese wird mit zwei Lagen von Blättern bedeckt. Die obere Blätterlage, weil sie meist zu braun wird, wird vor dem Servieren weggenommen. Zwischen diese zwei Blätterlagen wird etwas Butter geschnitten.
Nun wird der Auflauf in den Ofen geschoben und aufgezogen. Man gibt gute Buttersauce dazu.

Apfelstrudel

Von ½ Pfund Mehl, einer Tasse laues Wasser, ein Ei, etwas Salz und einem Stückchen Butter arbeitet man einen zähen Teig, welcher ½ Stunde ruhen muss und dann zu papierdünnen Fladen ausgerollt wird.
Diese werden mit dickem, süssem Rahm überstrichen, mit feinen Apfelscheibchen, Rosinen und Zucker belegt, aufgerollt und in eine längliche Auflaufform gebracht. Zwei Eier werden mit einem Liter Milch zerquirlt, über den Strudel gegossen und dieser im Ofen in einer Stunde fertig gebacken.

Freitag

Pflanzenbouillon mit gebackenen Erbsen – Tag- und Nachtpudding – Fruchtsaftsauce

Pflanzenbouillon mit gebackenen Erbsen

In gesalzenem Wasser kocht man allerlei Wurzeln und Kräuter eine Stunde lang, nimmt das Gemuse heraus und gibt zu dieser Brühe ein Stück frische Butter. In diese Suppe gibt man als Einlage sogenannte gebackene Erbsen, welche folgendermassen hergestellt werden:
Man nimmt ½ Liter Milch nebst 50 gr. Butter und etwas Salz in eine Pfanne, lässt es aufkochen und rührt rasch ¼ Pfund Mehl hinein; man arbeitet den Teig tüchtig, bis er sich von der Pfanne löst und lässt ihn dann beiseite verkühlen, worauf zwei ganze Eier und zwei Eigelb beigegeben und mitverrührt werden. Hierauf wird Butterschmalz heiss gemacht, in welches man den Teig durch

einen grosslöchrigen Schaumlöffel laufen lässt, denselben schön gelb backt, gut auf Papier abtropfen lässt und in die Suppenschüssel legt, worauf die Pflanzenbouillon darüber gegossen wird.

Tagpudding

Von 50 gr. Butter, 100 gr. Mehl, 100 gr. Zucker und knapp ¼ Liter Milch wird ein Brühteig gemacht; nachdem er abgekühlt ist, kommen drei Eigelb, etwas abgeriebene Zitronenschale und der Schnee der drei Eiweiss hinzu.

Nachtpudding

Man macht denselben Teig wie zum Tagpudding, nur fügt man demselben 100 gr. geriebene Schokolade bei. Beim Einfüllen in die Form muss der Tagpudding am Boden, der Nachtpudding oben sein. Man kocht denselben ½ Stunde.

Samstag

Schwarzwurzeln – Pfannkuchen – Salat – Zitronenauflauf – Mandelmilch – Apfelbrei

Die Rezepte für Schwarzwurzeln und Pfannkuchen wurden bereits beschrieben und werden hier nicht wiederholt. (Siehe Inhaltsverzeichnis im Anhang)

Zitronenauflauf

Von 105 gr. Butter, 50 gr. Mehl und ¼ Liter Milch wird ein abgebrühter Teig gemacht. Zu diesem gibt man, wenn er etwas abgekühlt ist, sechs Eigelb, 110 gr. Zucker, das Abgeriebene einer Zitrone, sowie den steifen Schnee der sechs Eiweiss. Diese Masse wird in die Form gefüllt und in gutem Ofen gebacken. Die Speise muss aber sofort serviert werden können, da der Auflauf sonst zusammenfällt.

Mandelmilch

Um ½ Liter Mandelmilch zu gewinnen, rechnet man 30 bis 35 süsse Mandeln und ½ Liter Wasser. Man stosse ausgesuchte schöne Mandeln mit etwas Wasser recht fein, giesse 1/3 des Wassers dazu, verrühre gut zusammen und presse die Masse durch ein nicht sehr fest gewobenes Tüchlein. Geht keine Milch mehr durch, werden die ausgepressten Mandeln noch einmal ebenso im Mörser behandelt wie das erste Mal und zwar mit dem zweiten Drittel des Wassers, hierauf zum zweiten Male durchgepresst. Ebenso ein drittes Mal. Die Milch wird nach Belieben gesüsst, sie hält sich aber nur einen Tag. Die Mandeln werden vor dem Stossen geschält. Mit der Schale gestossen, soll die Mandelmilch gegen Verstopfung wirken.

Apfelbrei

(für Kranke) Man brät schöne grosse Äpfel in der Ofenröhre ganz weich, nimmt das Apfelmark in ein Schüsselchen mit einem silbernen Löffel heraus, gibt etwas

Zucker hinzu und rührt diesen Apfelbrei ca. 10 Minuten, dass er ganz schaumig und leicht wird.

Sonntag

Rosenkohl mit Kastanien – Gemischter Salat
– Vol au vent mit Äpfeln

Kastanien

Die Kastanien werden nicht ganz weich gekocht und noch warm geschält. Man sehe darauf, dass man sie möglichst ganz erhält. In einer Pfanne zerlässt man ein Stück Butter, gibt reichlich gewiegte Petersilie hinein, alsdann die Kastanien, die nun recht durchgeschüttelt werden müssen, um sich mit Butter und Petersilie gleichmässig zu verbinden. Wird die Speise zu trocken, so giesse man etwas süssen Rahm oder Milch hinzu.

Vol au vent mit Äpfeln

Blätterteig zu Vol au vent: Ein Pfund Mehl, ¾ Pfund Butter, eine kleine Obertasse kaltes Wasser und ein Ei werden zusammen tüchtig verarbeitet, fünf Mal ausgewellt und zwischen jedem Auswellen ½ Stunde ruhen lassen. Alsdann nach Belieben verwendet.
Füllung zum Vol au vent: Zwei Suppenteller voll geschälte, halbierte und ausgekernte Äpfel, 125 gr. Zucker, 80 gr. Mandeln, 50 gr. Rosinen, 50 gr. Korinthen, der Rest einer halben Zitrone und eine Messerspitze voll Maizena. Dies wird zusammen gekocht, doch dürfen die Äpfel

nicht zerfallen, sondern sollen schön ganz bleiben. Dieses Kompott füllt man in die Pastete und serviert.

Vierte Woche

Montag

Sellerie au gratin – Kartoffeln in der Schale – Salat – Waffeln – Kompott

Sellerie au gratin

Grosse Selleriewurzeln werden gewaschen und in Salzwasser weich gekocht. Alsdann geschält und in dicke Scheiben geschnitten. Man streicht eine Form gut mit Butter aus, belegt den Boden mit Selleriescheiben, streut geriebenen Emmenthaler Käse und Brosamen darauf, worauf wieder eine Lage Sellerie und so weiter kommt, bis die Form voll ist. Zuletzt giesst man ½ Liter Rahm über die Speise, legt obenauf Butterstückchen und Brosamen und schiebt den Auflauf circa ½ Stunde in den Ofen, damit alles schön saftig durchzieht.

Waffeln

Man rühre ½ Pfund Butter schaumig, gebe nach und nach sechs ganze Eier und ½ Pfund Mehl hinzu, immer je ein Ei, dann wieder einen Löffel Mehl. Gebe etwas Salz und fünf Esslöffel voll Zucker hinzu, schliesslich so viel sauren oder süssen Rahm, dass der Teig wie ein dickflüssiger Omeletteteig vom Löffel tropft. Man streiche das Waffeleisen gut aus und gebe immer einen Löffel voll von dem Teig hinein und backe die Waffeln. Sie werden mit Zucker bestreut serviert.

Dienstag

Spinat – Kartoffelpuffer – Salat – Dattelpudding – Sauce

Kartoffelpuffer

Man nimmt für zwei Personen sechs grosse Kartoffeln, schält sie und reibt sie noch in eine mit etwas Wasser gefüllte Schüssel, schüttet hierauf die Masse auf das Haarsieb, dass alles Wasser ablässt. Nun rührt man zwei Löffel kalte Milch, drei ganze Eier und etwas Salz zu den Kartoffeln, gibt von dem Teig löffelweise in heisses Öl und bäckt fingerdicke Kuchen schön braun und knusprig auf beiden Seiten.

Dattelpudding

Es werden 140 gr. Datteln ausgesteint und zusammen mit 140 gr. Mandeln und der Schale einer Zitrone fein gewiegt. Man rührt 125 gr. Butter schaumig, gibt hierzu sechs Eigelb, 125 gr. Zucker und etwas Vanille, sowie die gewiegte Fruchtmasse. Zuletzt kommen zwei in Milchwasser eingeweichte, abgeriebene, gut ausgedrückte Brötchen, sowie der Schnee der sechs Eiweiss hinzu. Die Form wird gut mit Butter bestrichen und mit Gries ausgestreut, der Pudding eingefüllt und eine Stunde im Wasserbad gekocht.

Mittwoch

Gelbe Kohlraben (Bodenkohlrabi) – Kartoffelschmarren – Salat – Apfelcreme

Gelbe Kohlraben (Bodenkohlrabi)

Die Kohlraben werden gewaschen, geschält und in längliche Scheibchen geschnitten. Diese werden in so viel gesalzenem Wasser weich gekocht, als zur Sauce nötig ist; ½ Stunde vor Tisch gibt man ein Teigchen von Butter und ein Löffel Mehl hinzu, lässt das Gemüse noch langsam damit kochen und richtet an.

Kartoffelschmarren

Am Abend zuvor gesottene Kartoffeln werden geschält und gerieben. Hierauf salzt man sie und streut ganz wenig Mehl darunter und vermischt beides mit dem Kochlöffel recht leicht, damit es ganz flockig bleibt. Nun gibt man dies in eine Pfanne, worin man Butter und Butterschmalz heiss gemacht hat und schüttelt und wendet den Schmarren fleissig, da es keine Krusten geben soll. Ganz zuletzt macht man in einem Pfännchen 1 bis 2 Schöpflöffel Wasser und ein Stückchen Butter ganz heiss, giesst dies an die Kartoffeln, deckt sie zu und lässt, unter öfterem Aufschütteln, alles noch kurze Zeit dünsten.

Apfelcreme

Man nimmt acht grosse Äpfel, brät sie und sondert Kernhaus und Schale rein ab. Vier Eiweiss werden zu steifem Schnee geschlagen, mit ¼ Pfund Zucker und der Apfelmasse ¼ Stunde gerührt und in eine Assiette bergartig angerichtet.

Donnerstag

Nudelsuppe – Grieseierhaber mit Kompott – Salat

Nudelsuppe

Für sechs Personen nimmt man circa so viel Butter oder Butterschmalz wie ein grosses Ei, lässt dies in einer Eisenpfanne heiss werden, gibt so viel Mehl darin, bis das Fett aufgesaugt wird und röstet dasselbe ziemlich dunkelbraun. Dann gibt man löffelweise kaltes Wasser hinzu und rührt tüchtig, damit die Suppe keine Knollen bekommt. Man rechnet im ganzen zwei Liter Wasser. Nun würzt man mit Salz und etwas Bohnenkraut und lässt das Ganze etwa eine Stunde langsam kochen, damit die Suppe keinen Mehlgeschmack bekommt. Als Einlage nimmt man ganz fein geschnittene (selbstgemachte) Suppennudeln, welche fünf Minuten weich gekocht werden.

Grieseierhaber

Es wird ein Griesbrei von ½ Liter Milch und einer Tasse Gries gekocht, zuletzt ein Stückchen Butter beigegeben, dass sich der Teig gut von der Pfanne schält. Man lässt denselben abkühlen, rührt drei Eigelb daran, etwas Salz und zuletzt den Schnee der drei Eiweiss. Aus dieser Masse werden dünne Pfannkuchen gebacken und diese mit der Backschaufel in kleine Stückchen zerhackt.

Freitag

Weisse Rüben mit Rahm – Kartoffelauflauf – Salat – Einfache Torte ohne Eier

Kartoffelauflauf

Man siedet Kartoffeln, schält sie und reibt sie fein. Hiervon wird ½ Pfund mit 70 gr. zerlassener Butter, etwas Salz und sechs Eigelb vermengt, das Weisse von drei Eiern zu steifem Schnee geschlagen, mit der Masse vermischt, diese in eine gut mit Butter bestrichene Form eingefüllt und aufgezogen.

Einfache Torte ohne Eier

125 gr. Butter werden flaumig gerührt, 125 gr. ungeschälte, fein gestossene Mandeln, 125 gr. Zucker und 200 gr. Mehl dazu gegeben und zu glattem Teig verrührt, in eine Tortenform gefüllt, mit Marmelade bestrichen, über diese dünne Teigstreifen gelegt, mit Eigelb bestrichen und gebacken.

Samstag

Birnengemüse – Makkaroni-Auflauf – Salat – Eispudding

Eispudding

Man braucht dazu für sechs Personen ½ Pfund Reis, ¼ Pfund Zucker, drei Zitronen und Fruchtgelée. Der Reis wird mit zwei Liter Wasser bedeckt eine Stunde gekocht, der Zucker dazu gegeben, sowie die fein gewiegte Schale einer und der Saft von zwei Zitronen. Ist der Reis beinahe abgekühlt, so gibt man eine Lage in eine Kristallschale, streicht Obstgelée darüber und fährt abwechselnd fort, bis die Schale voll ist. Die Speise wird aufs Eis gestellt (kühl gestellt).

Zitronenlimonade

¾ Pfund Zucker, eine Zitrone, ein Lot Cydric acid. Man schält die Zitrone ganz dünn, drückt den Saft aus auf den Zucker und die Zitronenschale. Darüber giesst man ¼ kochendes Wasser, mischt das Cydric Acid (in der Drogerie erhältlich) hinzu, passiert der Schalen wegen das Ganze durch ein Sieb, füllt die Limonade in Flaschen, die fest zugepfropft werden.

Sonntag

Zwiebelgemüse – Grüne Klösse – Salat – Gewickelte Dampfnudeln – Vanillesauce

Zwiebelgemüse

Die Zwiebeln werden fein geschnitten. Ein Stück Butter lässt man zergehen, dämpft die Zwiebeln etwa 10 Minuten darin, salzt sie, giesst etwas Wasser und eine Tasse sauren Rahm dazu und lässt die Zwiebel in der Brühe weich dämpfen.

Grüne Klösse

Ein altgebackenes Brötchen wird klein geschnitten, in ¼ Liter Milch eingeweicht. Sind die Schnitten gut durchgezogen, rührt man Mehl hinein und 1 bis 2 Eier, bis es ein gelinder Klösseteig ist. Alsdann mengt man feingeschnittene Zwiebelröhrchen, Schnittlauch und etwas Salz darunter, sticht die Klösse ab und legt sie in siedendes Salzwasser. Die Klösse sind fertig, wenn sie oben schwimmen. Man legt sie auf eine Platte, gibt etwas Brühe darüber und schmelzt dieselben mit Butter und braun gerösteten Zwiebeln ab.

Gewickelte Dampfnudeln

Zutaten: Zwei Pfund Mehl, 200 gr. Butter, 4 bis 5 Eier, für 40 Cent Vanillezucker, für 5 Cent Hefe, etwas gestossenen Zucker und eine Prise Salz, 1/2 Liter Milch. Mit lauer Milch, der Hefe und dem Mehl wird ein Vorteig gemacht und derselbe zum Aufgehen gestellt. Hierauf werden in den Teig Zucker, Salz, die Eier und wenn nötig noch etwas Milch hinein gearbeitet. Ist derselbe nochmals in die Höhe gegangen, wird er auf dem Backbrett gewirkt, ausgewellt, die Butter stückweise darauf gelegt, der Teig darüber geschlagen und die Butter hinein gewellt. Man verfährt wie bei Blätterteig und wellt den Teig mit Zwischenpausen 3 bis 4 Mal. Zuletzt wird der dünn ausgewellte Teig stark mit Vanillezucker bestreut, aufgerollt, in Stücke geschnitten. Ein Blech wird mit Butter bestrichen, mit Hagelzucker bestreut, die Nudeln in einiger Entfernung von einander hineingesetzt, nochmals aufgehen lassen und dann backen.

Fünfte Woche

Montag

Braune Kohlraben – Kartoffel-Eierkuchen – Salat – Aufgezogene Nudeln – Kompott

Braune Kohlraben

Man schneidet die Kohlraben in fingerdicke Würfel. Ein Achtel Pfund fein gestossener Zucker wird mit etwas Wasser gelb geröstet, hierzu gibt man ¼ Pfund Butter, sowie das Gemüse, lässt dasselbe darin dämpfen, stäubt einen Kochlöffel voll Mehl darüber, füllt mit Wasser nach, gibt Salz und etwas Muskatnuss hinzu und lässt die Sauce kurz und sämig einkochen.

Kartoffel-Eierkuchen

Gesottene aufgeriebene Kartoffeln werden gesalzen, 2 bis 3 Eier und soviel Mehl hinzugegeben, dass der Teig sich zu tellergrossen Fladen auswellen lässt, die man wie Pfannkuchen in flacher Pfanne auf beiden Seiten braun bäckt. Diese Kuchen kann man auch mit Obstmus füllen, aufrollen und leicht gezuckert zu Kompott servieren.

Aufgezogene Nudeln

150 gr. Nudeln werden in eine grosse Pfanne, in der man ½ Liter Milch mit 25 gr. Butter und einem Löffel Zucker aufkochen liess, eingelegt und im Ofenrohr gedünstet. Wenn die Milch beinahe eingesotten ist, werden die Nudeln angerichtet.

Dienstag

Saure Rahmkartoffeln – Salat – Zwiebelkuchen – Anhang: Kürbis einmachen

Saure Rahmkartoffeln

Man schält rohe Kartoffeln, schneidet dünne Rädchen davon, dämpft sie mit einem Stück frischer Butter, salzt sie und giesst immer sauren Rahm hinzu, bis sie fertig sind. Sie müssen ganz dick sein.

Zwiebelkuchen

Man belegt ein Kuchenblech mit einem Teigboden aus

gutem Hefenteig und gibt folgende Füllung darauf: Zwölf Zwiebeln werden geschält und in Wasser weich gekocht. Man gibt sie auf ein Sieb zum Abtropfen und wiegt sie hernach recht fein. Nun werden sie etwa 5 Minuten in Butter gedämpft, doch dürfen sie nicht gelb oder braun werden. Etwas abgekühlt, gibt man 2 bis 3 ganze Eier, eine Tasse sauren oder süssen Rahm und etwas Salz hinzu, streicht diese Masse auf den Kuchen und bringt ihn in einen guten Ofen. Wer es liebt, kann etwas Kümmel darüber streuen.

Kürbis einmachen

Dieses Rezepts werden sich mehr die weniger strengen Vegetarier bedienen, da Essig dazu erforderlich ist. Die Frucht wird geschält, in ziemlich grosse längliche Stücke geschnitten, circa 24 Stunden in kalten Essig gelegt. Dann wird dieselbe herausgenommen und ¾ Pfund Zucker auf ein Pfund Kürbis in dem Essig geläutert. Alsdann tut man die Frucht hinein und lässt das Ganze kochen, bis die Stücke hellgelb und glänzend sind. Dazu kocht man eine Handvoll gebröckelten Ingwer mit, welchen man beim Aufbewahren der eingemachten Früchte darin lassen kann oder nicht.

Winterrezepte

Erste Woche

Montag

Winterkohl – Dotterküchlein – Salat
– Aufgezogene Klösse – Kompott

Dotterküchlein

Man rührt ein nussgrosses Stücklein Butter schaumig, gibt etwas Salz, vier verquirlte Eidotter, vier Esslöffel süssen Rahm und so viel Mehl hinzu, dass man diesen Teig auswirken kann. Man wellt davon tellergrosse, dünne Kuchen, welche man, jeden einzeln, in einer eisernen Pfanne in Butter auf beiden Seiten dunkelgelb bäckt.

Aufgezogene Klösse

½ Liter saurer Rahm wird in einer Pfanne siedend heiss gemacht, aber nicht gekocht, dann so viel feines Mehl eingerührt (etwa 200 bis 240 gr.), bis der Teig sich unter fortgesetztem Rühren von der Pfanne wie ein grosser Kloss losschält. Ist der Teig etwas abgekühlt, werden 4 bis 5 Eier hinzugerührt und mit einem Esslöffel längliche Klösse in mit etwas Zucker gesüsster Milch eingelegt und zugedeckt gekocht. Man nimmt die Klösse mit dem Schaumlöffel heraus auf eine Porzellanplatte, zieht die Milch, in der sie gesotten wurden, mit Eigelb zu einer Art Creme dick ab und giesst solche über die Klösse. Oder man legt dieselben auf ein mit Butter bestrichenes, mit Zucker bestreutes Blech, zieht ebenfalls die Milch mit einigen Eigelb ab, giesst sie über die Klösse, stellt das Blech in den Ofen und zieht die Speise auf.

Dienstag

Rosenkohl mit Kastanien – Salat – Reisklösse – Chaud'eau-Sauce

Kastanien

Man schäle die äussere harte Haut ab, lege hierauf die Kastanien in heisses Wasser und löse dann auch die feinere Haut ab. Tue in eine Kasserolle ein Stückchen Butter, eine Handvoll Zucker und Wasser, eine Prise Salz und dazu die Kastanien. Lasse sie langsam kochen, bis sie glasiert sind und weich, aber ganz. Man schüttle sie öfters und giesse, wenn sie keine Brühe mehr haben, immer ein wenig Wasser nach, doch nur so viel, dass sie nicht ganz austrocknen und nicht anbrennen. Beim Anrichten soll die Brühe ganz eingetrocknet sein.

Reisklösse

½ Pfund Reis wird verlesen, rein gewaschen und in ½ Liter Rahm und ½ Liter Milch langsam kurz und steif eingekocht. Hierauf wird er vom Feuer genommen und 4 bis 6 Eigelb an den Reis gerührt. Derselbe wird nun auf ein Blech oder eine Platte zum Erkalten getan und von dem Reis runde Kugeln mit mehligen Händen geformt, dass er einem nicht anklebt. Diese Reiskugeln werden in schwimmendem Fett gebacken, doch ist es ratsam, nie zu viel auf einmal in die Pfanne zu legen.

Mittwoch

Endiviengemüse – Spätzle-Kuchen – Quittenspeise – Eiermilch

Endiviengemüse

Breitblättrige, ungekrauste, gelbe Endivien werden geputzt, jedes Blatt zweimal zerschnitten, jedoch ohne die Blattrippen herauszuschneiden. Der Salat wird in Salzwasser rasch weich gekocht und weiter wie Spinat behandelt. Man kann auch noch eine Tasse sauren Rahm zu dem Gemüse geben, wodurch es pikanter wird.

Spätzle-Kuchen

Von Mehl (15 Esslöffel voll), Salz, zwei Eiern und etwas Milch wird ein guter Spätzleteig gemacht und die Spätzle durch ein Sieb ins siedende Salzwasser eintropfen lassen. Haben sie aufgekocht, nimmt man sie mit dem Schaumlöffel heraus und lässt sie auf einem anderen Sieb ablaufen. Man übergiesst sie mit etwas kaltem Wasser, dass sie nicht pappig werden und aneinander ankleben. Sie werden hierauf in eine Schüssel gebracht und 3 bis 4 verquirlte Eier an dieselben gerührt. In einer Eisenpfanne lässt man ein Stück Butter heiss werden, brät darin die Spätzle schön gelb, stürzt sie und verfährt mit der anderen Seite ebenso. Man kann diesen Kuchen auch von übrig gebliebenen Spätzle zum Abendbrot machen. Dies ist mit grünem Salat eine sehr leckere Speise.

Quittenspeise mit Eiermilch

Die Quitten werden mit einem Tuch sorgfältig abgerieben, hierauf wie Äpfel in der Röhre durch und durch weich gekocht. Man ordnet sie auf einer runden tiefen Platte an und gibt folgende Sauce darüber: Ein Liter Milch wird mit Zucker, etwas Zitronenschale und etwas Vanille siedend gemacht. In einem Topf werden sechs Eigelb glatt verquirlt, an diese die siedende Milch gerührt, alles durch ein Sieb zurück in die Pfanne geschüttet, wo die Sauce unter beständigem Rühren noch einen Augenblick anziehen, aber nicht mehr kochen darf.

Donnerstag

Weisskraut in Sauce – Kartoffelpüree
– Süsse Speise von Überbleibsel

Weisskraut in Sauce

Nicht zu grosse, feste Weisskrautköpfe werden in Salzwasser weich gekocht und in folgender Sauce serviert:
Man lässt ein Stück Butter zergehen (nicht heiss werden), rührt einen Kochlöffel voll Mehl und drei

Eidotter hinzu und macht die Sauce mit Gemüsebrühe recht glatt, doch nicht zu dünn an. Man bringt nun die Sauce aufs Feuer, giesst etwas Zitronensaft hinzu, salzt, wenn es noch fehlen sollte, nach und lässt das Ganze unter recht schnellem Rühren dick werden. Dann nimmt man es rasch vom Feuer weg und gibt nochmals Gemüsebrühe hinzu, bis es dünn genug ist. Die Sauce kommt nun nochmals zurück aufs Feuer und wird geschlagen bis zum Anrichten. Sie wird über den in einer runden tiefen Platte angerichteten Kohl gegossen, darf ziemlich dick, aber muss recht glatt sein.

Süsse Speise von Überbleibsel

Ein Liter dürre Kirschen werden mit den Steinen recht tüchtig gestossen, man fügt etwas Zitronenschale und so viel warmes Wasser hinzu, dass es darüber geht. So lässt man dies zwei Stunden auskochen. Hierauf werden sie durch ein Sieb passiert, mit ½ Liter alkoholfreiem Rotwein vermischt, in die Kasserolle zurückgetan, ¼ Pfund Zucker dazu gegeben, sowie ein Löffel weisses Mehl mit etwas Wein und der Kirschensauce glatt angerührt, ebenfalls hinzugefügt. So lässt man es noch weiter einkochen. Man bestreicht zwei tiefe runde Platten mit Butter. Unten hinein kommt ein Guss von den Kirschen, dieser wird belegt mit Schnitten von Biskuit oder übrigem Gugelhopf oder übrigem Pudding. Darauf kommen wieder Kirschen, auf diese wieder eine Lage Backwerk oder Mehlspeise. Von sechs Eiweiss schlägt man den Schnee recht steif, rührt 150 gr. feinen Zucker darunter, gibt diese Masse oben auf die Platten und schiebt dieselben etwa ¼ Stunde in den Ofen, bis der Schnee eine gelbliche Farbe hat. Vor dem Servieren streut man noch etwas Zucker darüber.

Freitag

Kohlraben – Saurer Rahmauflauf mit Käse
– Salat – Mandelröllchen – Kompott

Saurer Rahmauflauf mit Käse

Stark ½ Liter sauren dicker Rahm wird zu Schaum verquirlt, 6 bis 8 Eidotter dazu gerührt nebst 200 gr. geriebenem Parmesankäse, Salz, zuletzt den Schnee der sechs Eiweiss darunter gezogen, das Ganze in einer Auflaufschüssel gelb gebacken in einer ½ Stunde.

Mandelröllchen

¼ Pfund Butter wird leicht gerührt mit 1 ½ Pfund abgezogenen gestossenen Mandeln. Dazu kommen zwei abgerindete eingeweichte Milchbrötchen, ein ganzes Ei und zwei Eigelb, etwas Zitronenabgeriebenes und Zucker nach Bedürfnis. Nun wird dieser Teig zu Röllchen geformt und in heissem Fett gebacken. Die Röllchen werden mit Zucker bestreut serviert.

Samstag

Spinat – Weckküchlein – Salat – Milchnockerln
– Kompott

Weckküchlein

Fünf Milchbrötchen werden fein wie zu einer Suppe eingeschnitten, mit so viel kochender Milch begossen, dass dieselben gut angefeuchtet sind. Dazu kommen ein Löffel feines Mehl und 5 bis 6 Eigelb und der Teig wird fein abgerührt. Man fügt auch etwas Salz hinzu und rührt zuletzt den Schnee der Eiweisse in die Masse. Sie wird in eine mit Butter bestrichene Schüssel gefüllt und gebacken. Wird fein, leicht und hoch.

Milchnockerln

¼ Pfund Butter wird schaumig gerührt, man gibt ein Ei, ein Esslöffel voll Mehl hinein und sofort, bis vier Eier und vier Esslöffel voll Mehl daran sind. Der Teig muss recht glatt, aber nicht sehr dick sein. Man probiert zuerst ein Klösschen, ob es nicht zerfällt oder nicht zu schwer ist. In letzterem Fall wird noch ein Ei, in ersterem noch etwas Mehl hinzugefügt. Man legt die Nockerln in siedende Milch ein, in der man Zucker, etwas Vanille- oder Zitronenschale mitkochen liess, kocht sie zugedeckt, jedoch nicht sehr lange und richtet sie mit der Milchsauce an, die man, will man die Speise noch üppiger haben, mit zwei Eigelb legieren kann.

Sonntag

Bayrisches Kraut – Weisse Bohnen – Reis mit Äpfeln

Bayrisches Kraut

Feste Weisskrautköpfe werden fein eingehobelt und

das Kraut gut gewaschen. In eine Kasserolle kommt ein Stückchen Butter mit etwas Zucker, in dem eine fein gehackte Zwiebel gedämpft wird, dazu das gesalzene Kraut, welches ohne Brühe so lange gedämpft wird, bis es gelblich aussieht. Hat es diese Farbe, so gibt man fingershoch Pflanzenbrühe, ½ Glas alkoholfreien Wein und den Rest von zwei Zitronen hinzu. Das Kraut wird nun vollends weich gekocht, soll aber nicht viel Brühe haben. Eine halbe Stunde vor dem Anrichten wird in einem Stück Butter ein Esslöffel voll Zucker und ein Esslöffel voll Mehl gelb geröstet, dies glatt an das Kraut gerührt, nochmals etwas Brühe nachgegossen und bis zum Servieren gekocht. Das Kraut soll recht weich und mild sein.

Reis mit Äpfeln

½ Pfund Reis wird zu einem dicken Brei mit etwas abgeriebener Zitronenschale und Zucker gekocht und bedeckt, damit er keine Haut bekommt. Man schäle 3 bis 4 grosse Äpfel, stosse die Mitte ganz durch und höhle die Butzen rein aus. Diese Äpfel werden in Wasser, Zucker und mit Zitronenschale weich gekocht, aber sorgfältig, damit sie die Form behalten. Nachdem man die Höhlung mit etwas Eingemachtem gefüllt hat, werden sie, erkaltet, in ein kleines, unbestrichenes, rundes Auflaufblech oder in eine Porzellanform gesetzt und füllt das übrige mit dem Reis aus. Am anderen Tag (man muss die Speise also am Abend vorher machen) stürzt man das Ganze, so dass die Äpfel oben sind und verziert das Gericht mit Konfitüre.

Zweite Woche

Montag

Tardons (Distelkohl) in Sauce – Spinatklösse – Salat – Brombeerkuchen

Tardons in Sauce

Tardons ist ein spezielles Wintergemüse und muss erst eine Zeit lang im Keller gelegen haben, ehe es gut zum Gebrauch ist. Man schneidet die langen gerippten Stauden in fünf Zentimeter lange Stücke, putzt das Faserige weg und gibt sie in kalte Milch und Wasser, damit sie recht weiss bleiben. Hierauf verfahre man, wie bei Schwarzwurzeln angegeben wurde.

Spinatklösse

Einige Hände voll Spinat werden geputzt, gewaschen und nachdem er im Sieb abgelaufen ist, fein gewiegt.
Von ¼ Pfund Butter lässt man ein Stückchen zurück zum Dämpfen und rührt den grösseren Teil schaumig. Fünf ganze Milchbrote werden auf dem Reibeisen gerieben, in die Butter eingerührt, hierauf die in dem zurückgestellten Stückchen Butter gedämpften Zwiebel, Petersilie und Spinat (letzterer kommt erst hinzu, wenn Zwiebel und Petersilie weich sind wegen der grünen Farbe), Salz, (etwas Muskat), Schnittlauch und drei ganze Eier ebenfalls hineingegeben. Man lässt den Teig eine Stunde stehen, formt alsdann kleine runde Klösse mit der Hand,

gibt sie in kochendes Salzwasser und lässt sie zugedeckt aufkochen. Man nimmt sie sorgfältig mit dem Schaumlöffel aus der Brühe (welche zu einer Suppe verwendet werden kann), richtet sie an und giesst etwas braune Butter darüber.

Brombeerkuchen

Man belegt ein Kuchenblech mit einem guten Teigboden, gibt die Brombeeren darauf, zuckert sie reichlich ein und bäckt den Kuchen. Fünf Eiweiss werden zu Schnee geschlagen, mit Zucker vermischt, bergartig über den Kuchen gestrichen, oben für Glanz mit etwas Zucker übersät und das Gebäck in den Ofen zurückgetan, bis es eine gelbe Farbe hat.

Dienstag

Sagosuppe – Kartoffel mit Käse – Salat – Kompott – Anhang: Traubenmarmelade

Sagosuppe

¼ Pfund Sago lässt man in so viel Brühe, als man zur Suppe nötig hat, weich kochen, salzt die Suppe, rührt im Suppentopf zwei Eigelb mit einer Tasse süssem Rahm recht glatt und richtet die Suppe darüber an. (Sago = gekörntes Stärkemehl)

Kartoffel mit Käse

Frisch gesottene Kartoffeln werden geschält, in Rädchen geschnitten und etwas eingesalzen.
In einer flachen Eisenpfanne lässt man ein Stück Butterschmalz heiss werden, legt hierauf eine Lage Kartoffelrädchen hinein, auf diese dünne Käseschnitten und oben darauf wieder Kartoffeln. Ist die untere Seite gelb, so wird das Ganze in einem Stück gewendet und auf der anderen Seite ebenfalls recht rösch (= knusprig) gebraten. Man deckt die Speise zu, damit sie schönere Krusten bekommt.

Traubenmarmelade

Man nimmt hierzu recht reife, schwarze Trauben. Auf ein Pfund Trauben rechnet man nur ein starkes ¼ Pfund Zucker; den letzteren läutert man, bis er Fäden spinnt, gibt die Trauben dazu, kocht alles zusammen langsam etwa ½ Stunde und nimmt stets die Kerne oben ab. Wenn sich die Beeren senken, lässt man die Marmelade etwas abkühlen, gibt dieselbe durch zwei Siebe (ein gröberes und ein feineres) und füllt sie erkaltet in Gläser.

Mittwoch

Rosenkohl mit Kastanien – Salat – Zwetschgenauflauf

Rosenkohl mit Kastanien

Der Rosenkohl wird in Salzwasser weich gekocht, doch so, dass die Röslein ganz bleiben. Hierauf wird er auf ein Sieb gebracht, in einer Pfanne ein Stück Butter zerlassen, der Kohl hinein getan und das Gemüse tüchtig geschüttelt, dass es sich mit der Butter gut durchzieht. Dasselbe wird in die Mitte der runden Platte angerichtet und mit glasierten Kastanien (siehe entsprechendes Rezept) garniert.

Zwetschgenauflauf

¾ Pfund schöne, rein gewaschene, getrocknete Zwetschgen werden am Abend zuvor mit etwas Zitrone und Zucker weich gekocht und ausgesteint.

Fünf Milchbrote werden in dünne Schnittchen geschnitten und in eine Schüssel getan. ¼ Pfund Butter in Stückchen darüber gelegt und schwach ½ Liter kochende Milch hinzugegossen (man kann auch die Butter in der heissen Milch zergehen lassen und beides über die Brotschnitten träufeln). Alsdann gibt man 6 bis 7 Esslöffel Zucker, etwas fein gehackte Orangen- oder Zitronenschale, ein ganzes Ei und 5 bis 6 Eigelb zu der Masse und rührt dieselbe kurze Zeit. Zuletzt wird der Schnee der Eiweisse darunter gezogen. In eine gut bestrichene Form wird die Hälfte des Teiges eingefüllt, die Zwetschgen gleichmässig darauf verteilt, die andere Hälfte der Masse darüber gebracht, eine Handvoll gewiegte Mandeln oben drauf gestreut und die Speise im Backofen gebacken. Es ist sehr gut, statt Zwetschgen irgendeine andere eingemachte Frucht zu nehmen oder frische Früchte dazwischen zu legen.

Donnerstag

Schwarzwurzeln – Schwedenklösse – Apfel-Charlotte

Schwedenklösse

Ein Liter Milch, eine Prise Salz werden aufgekocht, 1 ½ Weissbrötchen fein hineingeschnitten und das Ganze ein paar Mal aufgekocht. Hierauf wird eine Tasse Griessmehl schnell eingerührt und der Teig wie ein Spätzleteig tüchtig geschlagen, bis er sich von der Pfanne schält. Derselbe wird mit einem Stückchen Butter abgetrocknet und auf eine Platte zum Erkalten gestellt. In einer Eisenpfanne wird Butterschmalz heiss gemacht, von dem Brei mit einem Löffel längliche Klösse abgestochen, in das Fett eingelegt und schön gelb gebraten.

Apfel-Charlotte

Die Äpfel werden geschält, in Schnitze geschnitten und diese wieder in kleine dünne Schnittchen. Dieselben werden in einer Schüssel recht gut mit Zucker, eingeweichten Rosinen und der fein gewiegten Schale einer kleinen Zitrone vermengt. Ein Blech wird recht dick mit Butter bestrichen. Von Milchbroten dünne Scheibchen geschnitten, eine Seite davon in zerlassene Butter eingetaucht und mit den Scheiben der Boden und der Rand es Bleches ganz dicht ausgelegt, so dass die unbestrichene Seite der Scheiben ans Blech kommt. Es wird nun Zucker darüber gestreut. Hierauf wird eine Schicht der Äpfel recht fest mit den Händen eingedrückt, ein wenig frische Butter darauf herum geschnitten und so 2 bis 3 Mal fortgefahren. Oben wird noch fest eingedrückt, Butterstückchen und Zucker darüber gegeben, mit dünnen Weckschnittchen bedeckt und ein butterbestrichenes Papier oben darüber gedeckt. Die Speise wird im Ofen in einer starken Stunde gebacken. Ich halte es für besser, die Äpfel erst zu kochen, da das Brot zu braun würde, ehe die Äpfel weich wären. Damit die Speise sich wie ein Kuchen umstürzen lässt, muss man, ehe man sie heraustun will, aussen an den Schnitten ein Gläschen Himbeersaft herumgiessen, das Blech ein wenig über den Kohlen rütteln und auf eine Platte stürzen.

Freitag

Rotkraut – Kartoffelpfannkuchen – Salat – Mandelkorb

Kartoffelpfannkuchen

Man gebe 12 Esslöffel geriebene Kartoffeln und sechs Esslöffel voll Mehl in eine Schüssel, mache mit lauer Milch einen Teig, gebe drei Eigelb und etwas Salz hinein und verdünne die Masse, dass der Teig etwas dicker wird, wie gewöhnlicher Pfannkuchenteig. Man kann noch zwei Esslöffel sauren Rahm und den Schnee der Eiweisse beimengen, um sie recht leicht zu machen. Die Pfannkuchen werden auf beiden Seiten in Butterschmalz hellgelb gebacken.

Mandelkorb

½ Pfund Zucker, ¼ Glas Wasser, das Abgeriebene einer Zitrone, ½ Pfund geriebene Mandeln und ein Stückchen Butter werden zusammen in einer Messingpfanne aufs Feuer gebracht und unter beständigem Rühren gekocht, bis die Masse, nachdem sie zuerst trocken und mehlig geworden ist, wieder flüssig wird und sie sich schön braun gefärbt hat.

Man richtet sich inzwischen eine glatte Form, die man mit Butter dick ausstreicht und mit kaltem Wasser füllt. Auch etliche Blechlöffel hält man sich in kaltem Wasser parat. Wenn die Masse gerade recht ist, wird sie gleich zum grösseren Teil in den Model gegossen (das Wasser wird natürlich zuvor ausgeleert) und schnell mit den Löffeln, die man immer wieder ins Wasser steckt, gleichmässig angedrückt und dann solange die Speise noch warm ist, auf ein Brett gestürzt. Man serviert den Mandelkorb kalt und füllt ihn mit Weintrauben oder Südfrüchten.

Samstag

Blumenkohl in Sauce – Zuckerkartöffelchen – Quittenkuchen

Zuckerkartöffelchen

Kleine Kartöffelchen werden nicht ganz weich gesotten und geschält. Zu einem Stück frischer Butter wird gleich eine starke Handvoll gestossener Zucker gegeben. Wenn dies heiss ist, die vorher etwas eingesalzenen

Kartöffelchen dazugetan, ein paar Mal gewendet, hierauf ein paar Löffel Wasser hinzugefügt und die Kartöffelchen, wenn sie schön gelb sind, angerichtet.

Quittenkuchen

Neun schöne Quitten werden in Wasser weich gesotten, erkaltet geschält und auf dem Reibeisen gerieben. Man bringt diese Masse in eine Schüssel, gibt nach und nach neun ganze Eier dazu, fügt das Abgeriebene einer Zitrone und Zucker nach Geschmack hinzu. Man gibt die Masse in ein bestrichenes, bestreutes Blech, vermengt etwas Zucker mit länglich geschnittenen Mandeln, streut dieses oben darüber und bäckt den Kuchen im Ofen.

Sonntag

Wasserschnitten – Salat als Zwischenspeise
– Apfelkompott mich Schokoladeschaum

Wasserschnitten

Schneiden Sie drei Weissbrötchen in dünne Scheiben, rühren vier Kochlöffel voll Mehl mit etwas Salz, drei ganzen Eiern und Milch zu einem Teig in der Dicke eines Pfannkuchenteigs an (keinesfalls dünner). Nun macht man Salzwasser siedend, taucht die Schnitten mit Hilfe einer Gabel in den Teig ein, legt sie in das Wasser, lässt sie darin aufkochen und rührt zu dem zurückgebliebenen Teig noch ein Eigelb hinzu. Dann giesst man ihn zu den Schnitten hinein, richtet dieselben samt der Brühe an und bestreut sie gut mit gerösteten Zwiebackskrummen.

Apfelkompott mit Schokoladeschaum

Es werden Äpfel geschält, halbiert, ausgekernt und mit Wasser, Zucker und Zitronenschale schön weich gekocht. Dieselben werden auf eine Porzellanplatte gelegt, eine dicke Lage eingemachte Himbeeren darüber gestrichen oder statt Konfitüre eine Lage aufgequollener Sultaninen oder Rosinen darauf gefüllt. Nun wird er Schnee von 4 bis 6 Eiweiss steif geschlagen, Zucker und ziemlich viel geriebene Schokolade darunter gemengt. Die Masse zusammen ¼ Stunde gerührt, dieselbe über die Früchte gestrichen (in der Mitte viel dicker als an den Seiten) und in 10 Minuten im Ofen aufgezogen.

Dritte Woche

Montag

Eingemachte junge Erbsen – Kartoffelfladen – Salat – Gebackene Zwetschgen – Kompott

Kartoffelfladen

Kalte gesottene Kartoffeln werden geschält und gerieben (etwa 12 grosse Stücke), mit ungefähr gleich viel Mehl, etwas Salz und so viel kalter Milch vermengt, dass man mit den Händen einen dicken elastischen Teig machen kann, den man auf dem Brett auswirkt, bis er innen kleine Löchlein zeigt. Nun wird derselbe zu ein oder zwei Kuchen rund ausgewellt, auf ein Kuchenblech gelegt und etwas ausgezackt. Ehe man ihn in den Ofen tut, wird saurer Rahm dick darüber gestrichen, welchen man mit zwei Eiern zuerst gut verrührt hat, etwas Salz und Kümmel (nicht viel) darüber streut, Butterstückchen obenauf legt. Man bäckt den Kuchen in starker Hitze und gibt ihn warm zu Tisch.

Gebackene Zwetschgen

Ein Pfund gedörrte Zwetschgen wird mit Wasser, Zucker und Zitronenschale weich und kurz eingekocht und lässt man dieselben auf einer Platte erkalten, worauf man sie aussteint. Statt des Steines steckt man in eine jede eine halbe geschälte Mandel. ¼ Pfund Mehl wird mit einem Ei und kalter Milch glatt angerührt, 50 gr. Butter mit ½ Glas alkoholfreien Wein warm gemacht und der Teig wie ein dicker Omeletteteig präpariert. Die Zwetschgen werden darin getaucht und im Fett schwimmend herausgebacken.

Dienstag

Kürbissuppe – Caramelsturz

Kürbissuppe

Der Kürbis (gelber Speisekürbis) wird geschält, die Kerne und Fasern sauber herausgenommen und der Kürbis in Stücke geschnitten. Dieselben werden mit etwas Salz in wenig Wasser weich gekocht und mit der Reibekelle zu feinem Brei zerstossen. Alsdann rühre man zwei Kochlöffel voll Mehl hinein und fülle die Suppe mit abgerahmter Milch bis zur nötigen Dicke auf. Man lässt dieselbe noch ½ Stunde kochen und richtet die Suppe über gerösteten Brotwürfeln an.

Caramelsturz

Eine Stange Agar-Agar (Pflanzengelatine) wird einige Stunden vor dem Gebrauch ins Wasser gelegt zum Ausziehen. Alsdann wird es aus dem Wasser genommen und in drei Tassen frischem Wasser weich und sämig gekocht, man muss immer umrühren, damit es nicht anbrennt. 150 gr. Zucker werden in einer Messingpfanne mittelbraun gebrannt; auf der Seite vom Herd die Pflanzengelatine (durch ein Sieb) hinzugegeben, der Schnee von vier Eiweiss darunter gemengt und das Ganze in eine kalte Schüssel geschüttet. Später wird die Speise gestürzt und eine Creme von einem Liter kochender, mit Zucker und Vanille versehener Milch, mit vier Eigelb abgezogen und kalt gestellt, darüber gegeben.

Mittwoch

Spargeln – Spargelsauce – Petersilien-Kartoffeln – Orangen-Reis

Spargelsauce

Ein Stück frische Butter (50 gr.) wird in einer Kasserolle zusammen mit einem Kochlöffel voll Mehl gelb gedämpft, mit einem Kaffeeschüsselchen voll Spargelsud glatt angerührt, etwas aufgekocht. Hierauf wird viel frische Butter (gut ¼ Pfund), in Brocken zerzupft, auf dem heissen Herd (nicht auf dem Feuer) tüchtig eingerührt und wird die Sauce davon dick und glatt. Kochen darf sie nicht mehr, sie würde sonst gerinnen, doch kann man dieselbe, falls es nötig ist, noch etwas verdünnen.

Petersilien-Kartoffeln

Kartoffeln werden roh geschält und in Salzwasser weich gekocht. Doch sollen sie ganz bleiben. Hierauf schüttet man sie zum Abtropfen etwa noch vorhandenen Wassers auf ein Sieb, gibt sie sodann in ein tiefes längliches Aufzugsblech, streut reichlich Petersilie darüber, giesst ½ Liter süssen Rahm hinzu und stellt die Speise in einen nicht zu warmen Ofen, worin sie unter häufigem Wenden bleibt, bis beinahe alle Flüssigkeit in die Kartoffeln hineingezogen ist. Die Speise soll saftig, aber nicht flüssig sein.

Orangen-Reis

125 gr. Reis wird mit 50 gr. Butter, dem Saft und Fleisch der 2 Orangen, dem Saft einer Zitrone und 50 gr. Zucker weich gekocht, wobei er ganz und körnig bleiben muss, was nur bei den besseren Reissorten möglich ist. Hierauf werden nochmals 50 gr. Zucker, an dem eine Orange abgerieben ist, darunter gerührt und dann lässt man den Reis abkühlen. Nun wird eine Porzellanschüssel mit Butter ausgestrichen, eine Lage Reis, eine Lage Aprikosenmarmelade und dies wiederholt, in dieselbe einge-

füllt. Die Masse wird oben glatt gestrichen, das Ganze mit dem steifen Schnee von vier Eiweiss, welcher mit vier Esslöffel Zucker vermengt wurde, überzogen und die Speise leicht im Ofen anziehen lassen.

Donnerstag

Gelbrübengemüse – Maisklösse – Salat – Vanille-Auflauf – Kompott

Maisklösse

Ein Liter Wasser wird siedend gemacht, salzt es etwas und lässt darin drei fein geschnittene Weissbrötchen unter Rühren etwas weich kochen. Nun streut man langsam mit der Hand so viel Maismehl hinein, dass es einen nicht zu festen Teig gibt, der auf dem Feuer so lange tüchtig abgeklopft wird, bis er glatt und verkocht ist, sich von der Pfanne löst und unten etwas Farbe bekommt. Nun lässt man die Masse auf einer Platte erkalten. Hierauf formt man mit den Händen fingerlange, nicht dicke Röllchen und bäckt sie in Butterschmalz dunkelgelb und knusprig. Will man sie extra fein, so werden kurz vor dem Anrichten 2 bis 3 Eier mit ganz wenig Milch oder saurem Rahm verquirlt, sämtliche in die grosse flache Eisenpfanne zurückgelegt und die Eier darüber gegossen. Ganz kurz anziehen lassen.

Vanille-Auflauf

Von zwei grossen vollen Kochlöffeln Mehl, ½ Liter Milch,

50 gr. Zucker und etwas gestossener Vanille macht man einen ziemlich dicken Teig auf dem Feuer, bis sich derselbe von der Pfanne losschält. Man lässt ihn dann in einer Schüssel abkühlen. 60 gr. Butter werden leicht gerührt, nach und nach der obige Brei und fünf Eigelb daran gegeben, zuletzt das Weisse der fünf Eier in die Masse hineingezogen. Sie wird in ein kleines, gut bestrichenes und bestreutes Blech gefüllt und langsam aufgezogen.

Freitag

Krautdorschen – Kartoffelklösse – Salat
– Mehlbrei – Kompott

Krautdorschen

(von Weisskraut, sog. Fliderkraut) Das Harte, Faserige wird aussen alles abgeschnitten, das Markige in runde, nicht zu dünne Scheibchen geschnitten wie Kohlraben. Dieselben werden in Salzwasser recht weich gesotten, in eine gute weisse Sauce eingelegt und in dieser noch ½ Stunde ganz langsam gekocht.

Kartoffelklösse

Man reibt etwa 20 kalte, gekochte Kartoffeln fein auf, dämpft in einem Stückchen Butter eine fein gewiegte Zwiebel und die Kartoffeln, bis es sich ballt und abschält. Zuletzt gibt man etwas fein gehackte Petersilie hinzu, damit sie grün bleibt. Man lässt diesen Teig abkühlen, gibt etwas Salz (ev. auch Muskat), zwei Esslöffel feines

Mehl und nach und nach vier ganze Eier dazu, legt mit dem Löffel längliche Klösse in kochendes Salzwasser (zuerst einen zur Probe!) und siedet dieselben zugedeckt ca. sechs Minuten, bis sie sich ganz herauswerfen. Man lege nicht zu viele auf einmal in die Pfanne, sonst gehen sie nicht gross auf. Man streut Schnittlauch darüber beim Anrichten oder giesst gebräunte Butter darauf.

Mehlbrei

Für vier Personen rechnet man zwei Liter Milch, 6 Esslöffel fein gesiebtes Kraftmehl, ein Ei und fünf Esslöffel Zucker. Das Mehl wird mit etwas kalter Milch, dem Ei und Zucker zu einem dünnen Teig verrührt und dieser in die übrige, siedend gemachte Milch glatt eingerührt. Man kocht dies zusammen kurz auf, gibt ein Stückchen Butter und etwas Zitronenschale hinzu, setzt den Brei dann zum ganz langsamen Fertigkochen auf die ganz heisse Herdplatte. Die Speise ist in einer starken halben Stunde fertig. Sie soll unten eine sich leicht ablösende Kruste, sogenannte «Scherre» haben, die gitterartig oben darauf garniert wird.

Samstag

Blumenkohl mit Parmesankäse – Pfannkuchen – Salat – Gebrannter Zuckerauflauf

Blumenkohl mit Parmesankäse

Der Blumenkohl wird in Salzwasser gekocht, auf ein Sieb

sorgfältig zum Abtropfen herausgehoben, tut ihn dann in eine tiefe, mit Butter bestrichene und mit Käse ausgestreute feuerfeste Schüssel. Hierauf macht man eine weisse, etwas dicke Sauce und giesst dieselbe über den Blumenkohl, dass er ganz davon bedeckt ist. Über diese Sauce streut man wieder eine Lage geriebenen Käse, hierauf geriebenes Brot, stellt die Schüssel über lindes Feuer, deckt sie zu, lässt das Ganze langsam durchziehen, doch nicht zu lange, damit der Blumenkohl nicht zerkocht.

Gebrannter Zuckerauflauf

100 gr. Zucker werden mit einer Tasse Wasser in einer Messingpfanne dunkelbraun geröstet, danach rührt man eine Tasse heisse Milch dazu. Nebenbei werden zwei Esslöffel allerfeinstes Mehl mit ¼ Liter Milch angerührt, dazu getan und alles zusammen unter beständigem Rühren gekocht, bis die Masse sich dickt, worauf man sie vom Feuer nimmt. Man rührt sofort ein Stückchen Butter hinein, fügt etwas abgeriebene Zitronenschale, vier Eigelb, 75 gr. Zucker, zuletzt den Schnee der Eiweiss hinzu und bäckt die Speise in einem Auflauf-Förmchen im Backofen.

Sonntag

Wirsing mit Reis – Salat – Kürbiskuchen

Wirsing mit Reis

Etliche Köpfe schöner, gelber Wirsing werden in vier Teile zerschnitten, der Strunk herausgemacht, gewaschen und in Salzwasser beinahe weich gekocht. Man legt sie zum Abtropfen auf ein Sieb, dämpft den Kohl alsdann in Butter und etwas Gemüsebrühe, streut eine Handvoll geriebenen Reis darunter und dünstet die Speise unter regelmässigem Nachgiessen von Brühe so lange, bis der Reis aufgequollen ist. Vor dem Anrichten wird ein Untertässchen voll geriebenem Parmesankäse darunter gerührt.

Kürbiskuchen

Man kocht am Abend zuvor einen kleineren Speisekürbis in wenig Wasser zu Brei und lässt diesen über Nacht auf einem Sieb abtropfen, damit er recht trocken wird. Man belegt ein Kuchenblech mit einem guten Teig, verrührt den Kürbisbrei mit vier Eigelb, vier Esslöffeln Zucker, etwas abgeriebener Zitronenschale, Vanille, ½ Tässchen Rahm und dem Schnee der vier Eiweiss; gibt diese Masse auf den Teigboden und bäckt den Kuchen in starker Hitze.

Vierte Woche

Montag

Zwiebelgemüse – Kartoffelknopf
– Kapselbiskuit mit Chaud'eau

Zwiebelgemüse

Die Zwiebeln werden geschält, in Salzwasser weich gesotten und in einer guten Buttersauce serviert.

Kartoffelknopf

1 ½ Vierling Butter werden schaumig gerührt, dann zwei ganze Eier und zwei grosse Esslöffel voll kalter geriebener Kartoffeln eingerührt. Nun gibt man nach und nach sechs Eigelb zu jedem einen Esslöffel voll geriebener Kartoffeln, hierauf noch extra zwei Löffel voll Kartoffeln, etwas Salz (ev. auch etwas Muskat) und zuletzt den Schnee der sechs Eiweiss leicht hineingemischt. Die Masse wird in einer butterbestrichenen, gut zugebundenen Serviette im Salzwasser zugedeckt, eine Stunde lang gesotten.

Kapselbiskuit

½ Pfund gesiebter Zucker wird mit zwei ganzen Eiern und sechs Eigelb eine Stunde lang gerührt, etwas abgeriebene Zitronenschale und den steifen Schnee der Eiweiss beigefügt, zum Schluss 1 ½ Pfund gesiebtes, angewärmtes Mehl eingerührt. Man füllt diese Masse in zwei bestrichene Kapselformen (macht aber die Form nicht ganz voll) und bäckt sie in mässigem Ofen. Das Biskuit ist fertig, wenn es sich an den Seiten los bäckt. Es wird heiss auf eine Platte umgestürzt, jedes der Länge nach mitten durchgeschnitten, zwischen beide Hälften Konfitüre oder Creme eingefüllt und serviert.

Dienstag

Eiergerstensuppe – Mangold – Eierhaber à l'eau

Eiergerstensuppe

Man zerlässt ein Stück Butter in der Pfanne, röstet zwei Kochlöffel Mehl hellgelb darin und rührt langsam einen Liter gesalzenes Wasser hinzu (es darf keine Knollen geben). Dies lässt man aufkochen, quirlt indessen 1 bis 2 Eier in einer Schüssel mit etwas süssem Rahm (oder Milch oder Wasser), rührt dies in die Wassersuppe ein und lässt alles zusammen noch 5 bis 10 Minuten kochen.

Eierhaber à l'eau

Man gibt 12 Esslöffel voll Mehl in eine Schüssel, reibt 2 bis 3 Kartoffeln hinein, rührt den Teig mit Salz und Wasser ganz glatt, aber nicht zu dünn an, gibt 3 bis 4 Eier hinzu, auch etwas Schnittlauch und ein kleines Stückchen zerlassene Butter. Man bäckt in Butterschmalz einen dicken grossen Pfannkuchen, zerstupft ihn in Stückchen mit der Backschaufel, wendet dieselben regelmässig. Sodann wird der Eierhaber angerichtet.

Mittwoch

Kartoffelgemüse – Brotklösse – Salat – Orangenbombe

Kartoffelgemüse

Kleine Kartoffeln werden roh geschält, gewaschen und mit einem eigrossen Stück Butter aufs Feuer gesetzt, ein Stück Sellerie und etwas Salz, sowie fein gewiegte Zwiebel und Petersilie hinzugegeben. Dies wird alles zusammen, unter regelmässigem Wenden, halbweich gedämpft, hierauf eine Handvoll Mehl darüber gestreut, dieses etwas andämpfen lassen, mit Pflanzenbrühe ablöschen und das Gericht vollends darin weich kochen. Die Speise darf aber nicht zu viel Brühe haben, sondern das Gemüse muss schön gebunden sein.

Orangenbomben

½ Pfund ganzen Zucker, woran 1 bis 2 Orangen abgerieben wurden, setzt man mit ¼ Liter Wasser aufs Feuer und läutert dies dick. Dann kommen sechs verquirlte Eigelb, sowie der Saft der Orangen hinzu und nun wird dies alles zusammen auf dem Feuer mit den Schneebesen geschlagen, bis es nahe am Kochen ist. Hierauf lässt man die Masse in einer Schüssel abkühlen. Ehe man sie in die Formen füllt, mischt man ½ Liter Schlagrahm darunter. Die Formen werden fest geschlossen und 4 bis 5 Stunden in scharf gesalzenes Eis gestellt; vor dem Anrichten wird die Form in heisses Wasser gehalten, damit sich der Inhalt gut löst. Will man die Speise als gestürzte Creme haben, so ziehe man eine im Wasser aufgelöste Stange Pflanzengelatine (Agar-Agar) darunter und serviere ein Kleingebäck dazu. Zur Bombe passen am besten Eiswaffeln.

Donnerstag

Kopfsalat in Sauce – Griesspudding – Salat – Zwetschgenkuchen

Kopfsalat in Sauce

Man löst von schönem, festen Kopfsalat die äusseren Blätter, schneidet das Häutchen samt dem Strunken in zwei Teile, bindet sie mit starkem Bindfaden zusammen und siedet sie kurze Zeit im Salzwasser, sie müssen jedoch ganz bleiben. Man legt sie, wenn sie abgetropft sind, in eine weisse Sauce, legiert dieselbe mit einem Eigelb und lässt die Köpfchen noch darin aufkochen.

Griesspudding

(zu Gemüse) In ¾ Liter Milch wird etwas Salz und ¼ Pfund grobes Griessmehl eingestreut und beides zusammen zu einem steifen Brei gekocht, den man mit einem Stückchen Butter von der Pfanne los schält. ¼ Pfund Butter wird zu Schaum gerührt, der Brei, etwas Muskat, abgeriebene Zitronenschale und fünf Eigelb hinzugefügt, die Masse ½ Stunde gerührt, der steife Eiweissschaum darunter gezogen und der Pudding 1 bis 1 ½ Stunde im Wasserbad gekocht.

Zwetschgenkuchen

Man belegt ein Blech mit einem Teigboden von Butterteig. Getrocknete Zwetschgen werden weich gekocht und ausgesteint, hierauf fein gewiegt oder durch eine Passiermaschine getrieben. Man gibt an die Zwetschgen Zucker nach Geschmack, abgeriebene Zitronenschale, Rosinen und Sultaninen, gehackte Mandeln und will man es extra pikant haben, ein Glas alkoholfreien Wein. Diese Fülle wird leicht abgerührt, auf den Kuchen gleichmässig aufgestrichen (etwa fingerdick), ein Gitter von Teig darüber gemacht, der Kuchen gebacken und vor dem Servieren mit Zucker bestreut. Man kann, wenn man den Kuchen ganz einfach machen will, von den Zutaten nach Belieben weglassen.

Freitag

Wirsinggemüse – Gebackene Schnitten – Salat – Schokoladen-Biskuittorte

Gebackene Schnitten

Man schneidet fünf Weissbrötchen in dicke Schnitten, taucht sie in Milch ein und legt sie auf einer Platte auseinander. Nun macht man einen Teig von drei Kochlöffeln voll Mehl, fünf ganzen Eiern, ¼ Liter Milch und etwas Salz. Die Schnitten werden darin umgewendet und in schwimmendem Fett gebacken. Man lässt sie auf Brotschnitten ablaufen und richtet sie an. Sie eigenen sich, mit Zucker bestreut, auch sehr gut zu jedem Kompott, doch wird dann dem Teig nur eine ganz kleine Prise Salz beigegeben.

Schokoladen-Biskuittorte

Es kommen dazu 12 Eier, nämlich drei ganze (vier Weisse bleiben ganz weg), neun Eigelb und fünf Weisse zu Schnee. Diese Eier (mit Ausnahme der fünf Eiweiss) kommen mit ½ Pfund gesiebtem Zucker in eine Schüssel und die Masse wird eine Stunde gerührt. Nun kommen 100 gr. geriebene Schokolade, ¼ Pfund feines Mehl, das Abgeriebene einer Zitrone, sowie der Schnee der fünf Eiweiss hinzu. Das Springblech wird mit einem butterbestrichenen weissen Papier bis zum Rand belegt, die Masse eingefüllt, gebacken, warm herausgenommen, aber erst erkaltet das Papier abgemacht. Man überzieht die Torte mit einem Schokoladenguss, der wie folgt bereitet wird.

Drei Tafeln Schokolade und so viel kaltes Wasser, dass es kaum darüber geht, kommt aufs Feuer und wird, wenn es zerflossen ist, glatt verrührt. Es soll ganz schwarz aussehen. Nun vermischt man drei ungeschlagene Eiweiss, den Saft einer halben Zitrone und 100 gr. feinen Zucker dazu, rührt dies mit dem Esslöffel, bis es ganz weiss ist und steif am Löffel steht, wenn man es herausgiesst. Man mengt dies nebst einem Kaffeelöffel voll Olivenöl unter die Schokolade. Nun geht man damit auf schwaches Feuer, rührt stark, bis es Fäden zieht, übergiesst die Torte mit der heissen Glasur, streicht dieselbe mit dem Messer glatt, auch sorgfältig über die Kanten. Die Torte braucht nicht an der Wärme zu trocknen.

Samstag

Lauchgemüse – Kartoffel-Pilzpudding – Salat – Äpfel im Schlafrock

Lauchgemüse

Dasselbe wird wie Spargeln bereitet und in Sauce serviert.

Kartoffel-Pilzpudding

Acht grosse gesottene Kartoffeln werden erkaltet gerieben. Nun rührt man ¼ Pfund Butter schaumig, gibt nach und nach fünf Eigelb und die Kartoffeln hinein, fügt etwas Salz hinzu und schwach ½ Liter sauren Rahm, zuletzt ein Teller voll geputzte, fein gewiegte und gedämpfte Pilze und den Schnee der fünf Eier hinzu. Diese Masse wird in eine gut bestrichene Form gefüllt und 1 ½ Stunden im Wasserbad gekocht. Hierauf stürzt man ihn auf eine Platte und serviert ihn.

Äpfel im Schlafrock

Hat man von Kuchen oder Pastete Butterteig übrig, so wellt man ihn aus, macht vier eckige Stücke davon, setzt in deren Mitte je einen halben geschälten und ausgeputzten Apfel, bestreut ihn mit Zucker, geriebener Zitronenschale, schlägt in der Mitte die vier Zipfel zusammen und bestreicht jedes Stück mit zerschlagenem Eigelb mit einem Pinsel.

Sonntag

Junge Bohnen – Grüne Klösse – Salat – Apfelspeise

Grüne Klösse

Ein altgebackenes Weissbrötchen wird klein geschnitten, in ½ Liter Milch eingeweicht. Wenn es weich ist, werden zwei Eier und so viel Mehl hinein gerührt, dass es einen gelinden Klösseteig gibt. Alsdann mengt man fein geschnittene Zwiebelröhrchen und Schnittlauch, sowie etwas Salz darunter, sticht mit einem Löffel Klösse ab und legt sie in siedendes Salzwasser. Die Klösse sind fertig, wenn sie oben schwimmen. Man legt sie auf eine Platte, gibt etwas Brühe darüber und übergiesst die Klösse mit brauner Butter.

Apfelspeise

Die Äpfel werden geschält, halbiert und mit Wasser, Zucker, Zitronenschale und etwas Zitronensaft gekocht, doch müssen sie die Form behalten. Abgekühlt werden sie in ein Auflaufblech gesetzt und folgender Guss darüber gegeben: Drei Eigelb werden mit 100 gr. gestossenem Zucker kurze Zeit gerührt und der Schnee der drei Eier darunter gemengt. Dies kommt über die Äpfel und alles wird im Backofen fertig gemacht.

Fünfte Woche

Montag

Eier mit Brot – Selleriegemüse – Salat – Kapuziner-Auflauf – Weinsauce

Eier mit Brot
Man schneidet weisses Brot dünn ein wie zu Suppe, macht ziemlich viel Butter in einer eisernen Pfanne heiss, wirft das Brot hinein, lässt es gelb rösten, damit es nicht so weich und nass ist. Dann giesst man schnell 3 bis 5 ganze Eier, mit ganz wenig Milch oder saurem Rahm und etwas Salz glatt verquirlt darüber, wendet es mit der Backschaufel 2 bis 3 Mal, bis die Speise angezogen hat, aber nicht hart geworden ist. Sodann wird dieselbe gleich serviert.

Kapuziner-Auflauf
Von zwei Weissbrötchen reibt man die Rinde ab, schneidet das Weisse in dünne Schnitten, gibt sie in eine Kasserolle, giesst ½ Liter süssen Rahm darüber, setzt es auf schwaches Feuer, gibt ein Stückchen Butter hinzu und trocknet den Teig in einem Brühteig ab. Man lässt ihn sodann abkühlen, rührt ¼ Pfund Butter leicht, nimmt das abgekühlte Brot hinzu, schlägt sechs Eier daran, reibt die Schale einer halben Zitrone hinein, tut 100 gr. Zucker und ¼ Pfund Sultaninen und Rosinen hinzu.

Ein Auflaufblech wird mit Butter bestrichen, mit Gries bestreut, die gerührte Masse hinein gefüllt und langsam aufgezogen.

Weinsauce

½ Liter alkoholfreier Weisswein kommt mit vier Esslöffeln Zucker und einer Prise Vanille aufs Feuer und wird zum Kochen gebracht. Ein Esslöffel voll Maizena, mit etwas Wasser glatt angerührt, vier mit etwas Wein verquirlte Eigelb werden mit dem kochenden Wein verrührt, das Ganze tüchtig mit dem Schneebesen geschlagen und bis zum Gebrauch ins heisse Wasser gestellt.

Inhaltsverzeichnis & saisonale Rezepte alphabetisch

Martha Rammelmeyer

Über die Autorin Martha Rammelmeyer war nicht viel herauszufinden. Sie führte mit ihrem Mann Otto Gottfried Rammelmeyer das Erholungsheim Friedenfels in Sarnen, Kanton Obwalden, welches auch als vegetarische Kuranstalt galt. Ihr Mädchenname war Martha Julie Friederike Schönlin, geboren am 7. Januar 1868, und verstorben am 14. Februar 1938. Sie hatte fünf Kinder.

Tanja Alexa Holzer

Die buchverrückte Schweizerin ist Autorin, Texterin, Korrektorin, Buchproduzentin und Online-Unternehmerin. Seit 2008 arbeitet sie unter dem Namen Wortfeger.

Folgen Sie Wortfeger:
www.wortfeger.ch
www.facebook.com/wortfeger
www.instagram.com/wortfeger.ch
LinkedIn